[英] 汉娜·比奇 Hanna Beech

罗斯·莫里森·麦吉尔 Ross Morrison McGill 著

60

60-SECOND CPD

秒

教师专业
发展指南

239 IDEAS FOR BUSY TEACHERS

给教师的239个持续成长建议

中国青年出版社
CHINA YOUTH PRESS

图书在版编目（CIP）数据

60秒教师专业发展指南：给教师的239个持续成长建议 /（英）罗斯·莫里森·麦吉尔
（Ross Morrison McGill），（英）汉娜·比奇（Hanna Beech）著；白洁译.
—北京：中国青年出版社，2022.7
书名原文：60-second CPD: 239 ideas for busy teachers
ISBN 978-7-5153-6673-9

Ⅰ.①6… Ⅱ.①罗… ②汉… ③白… Ⅲ.①师资培养—指南 Ⅳ.①G451.2-62

中国版本图书馆CIP数据核字（2022）第083868号

60-SECOND CPD: 239 IDEAS FOR BUSY TEACHERS
by HANNA BEECH WITH ROSS MORRISON MCGILL
Copyright © 2020 HANNA BEECH AND ROSS MORRISON MCGILL
This edition arranged with John Catt Educational
through BIG APPLE AGENCY, LABUAN, MALAYSIA.
Simplified Chinese edition copyright © 2022 China Youth Book, Inc. (an imprint of China Youth Press)
All rights reserved.

60秒教师专业发展指南：
给教师的239个持续成长建议

作　　者：（英）汉娜·比奇　罗斯·莫里森·麦吉尔
译　　者：白　洁
责任编辑：肖妩嫔
文字编辑：侯雯洁
美术编辑：佟雪莹
出　　版：中国青年出版社
发　　行：北京中青文文化传媒有限公司
电　　话：010-65511272 / 65516873
公司网址：www.cyb.com.cn
购书网址：zqwts.tmall.com
印　　刷：大厂回族自治县益利印刷有限公司
版　　次：2022年7月第1版
印　　次：2022年7月第1次印刷
开　　本：787×1092　1/16
字　　数：127千字
印　　张：21
京权图字：01-2021-4539
书　　号：ISBN 978-7-5153-6673-9
定　　价：59.90元

版权声明

目 录

第 1 章　行为　　　　　　　　　　　019

第 2 章　课程　　　　053

第 3 章　让家长参与教育　　　　085

第 4 章　平等、公平和包容　　**107**

第 5 章　协同各方反馈，构建健康的反馈文化　　**139**

第 6 章　领导力　　　　　　　　165

第 7 章　学习环境　　　　　　　　199

第 8 章　心理健康和幸福感　　　**229**

第 9 章　融洽的关系　267

第 10 章　教与学　291

结 论 / 333

特此说明

本书提供的所有网络地址与资源在本书出版时均是可访问并有效的。如果网址与资源出现变更或网站暂停访问的问题，本书作者与出版社对由此给读者带来的不便深感歉意，但不为上述出现的任何变化负有责任。

Reviews

好评如潮

判断教师持续专业发展的好坏，可以通过你下次在课堂上所做的事情来衡量。这本书远远超越了这一标准，充满了清晰的、简洁的、令人难以置信的实用策略和技巧。我极力推荐这本书——阅读它是一种乐趣，我相信，它将会全盘改变学校里的游戏规则。

——理查德·卡希尔，莱斯特郡欣克利学院校长

在这个众所周知时间匮乏的行业里，本书为此提供了一系列快速指南和发人深省的章节，以促进教师进行更深入的讨论和思考。这本指南易于操作，涵盖了学校生活的方方面面，为教师和领导者整理了一系列经验和智慧，提供了大量经过考验的方法以及一些新鲜的、有趣的想法。

——艾玛·特纳，探索学校学院信托基金研究和培训部主管

对于忙碌的老师来说，这是一本非常实用的书，涵盖了广泛的主题领域中各种各样的实用思想。我很高兴看到这么多的想法得到了研究实证的支持，这将让老师们信心满满地在课堂上加以尝试。

——瑞秋·道奇博士，健康顾问

汉娜·比奇和罗斯·莫里森·麦吉尔创作了一本富有价值的著作，它是每个老师书架上的必备书籍。这本书提供了无比丰富的思想。

——克莱尔·维克瑞，巴克勒米德学院设计与技术课程主管

如果你想要拥有一本充满实用思想和实践建议且开卷有益的书，这本书就是为你准备的。这是一本超级棒的书，你可以用来深入反思自己的教学实践，采取新的行动，成长为一名卓越的教育工作者。

——基基·阿明，拉姆斯盖特艺术小学教师

汉娜·比奇和罗斯·莫里森·麦吉尔共同在广泛的主题上提出了一系列想法和建议。这是一本适合在领导旅程中一次又一次重温的书。

——库尔瓦恩·阿特瓦尔博士，

《有思想的学校》（ *The Thinking School* ）一书作者，校长

短短几天内，我就把这本书读完了，书中充满了我想要在教室里切实尝试的想法。汉娜·比奇和罗斯·莫里森·麦吉尔提供的内容易于消化，循序渐进，也非常适合作为教师会议的话题。

——林恩·何，教育家

教师的时间是宝贵的，他们从持续专业发展中所得到的少之甚少，往往缺少针对性或意义。这本书可以让老师拥有自己的专业学习，并专注于一个主题。它可以让老师把时间和精力集中在对学生有意义的事情上。这本书充满了深思熟虑的想法，每个人都能从中汲取有用的东西。

——达伦·莱斯利，学习与教学机构首席教师

无论你是一名实习教师还是学校领导，也不论你喜欢探索教育研究还是更倾向于使用快速指南，这本书都将陪伴你在教育事业上发展远航。如果我必须向教育培训图书馆推荐一本书，那一定是这本。

——哈娜·贝顿，英国教师

　　这本书对教师和领导者来说，都是一个非常棒的资源，无论你们在职业生涯中所持的立场如何。这些提示和建议使你能够思考一些具有挑战性的问题，这些问题既能打开思路，又能提供思想支持，而不必费力地翻阅厚重的学术著作。书中充满了丰富的例子和实用技巧，这是一本读来轻松愉快且内容翔实的读物。

——马特·德查因，领导力与心理健康教练

序 言

　　有一段时间我异常忙碌，收到一个又一个要求我提供意见的请求。可是两周时间过去了，我还是没抽出时间来，直到我收到一封言辞礼貌的电子邮件，信里问道："戴安娜，你觉得这本书怎么样？"

　　20分钟后，我就被其内容深深地吸引了，一边做笔记，一边与脑海中浮现的想法斗争，因为我正在阅读的东西对我提出了挑战。就这样，这本书在2020年6月走进了我的生活。我会在很长一段时间内保存这封邮件。

　　汉娜和罗斯成功地在教育研究和教学实际之间找到了平衡点。书中的239个工具能够帮助你做到以下几点：

- 防止你犯下荒谬而又司空见惯的错误。

- 为你提供有用的交流模板。

- 给你提供一些框架，帮助你在学校里进行日常互动，帮你应对那些茫然、缺乏自信、手足无措的时刻。

　　我在想，当我还是一名实习教师，每周四在10年级的科学课上出问题的时候，这本书在哪里？当我第一次担任领导职务，心怦怦直跳的时候，这本书在哪里？当我第一次被任命为校长，坐在那里盯着学校的发展计划，期待它奇迹般地变成一个有用的工具，从而塑造我的社区时，这本书又在哪里？

答案就在这里，在这本书里，而这本书就在你们这些幸运之人的手里，你可以每天都将它带在身边。每年都有成千上万的书出版，其中一些是公共领域的，而其中的一小部分是值得我们费心一试的。请阅读这本书吧，你会很庆幸自己这么做了，因为它值得（然后再买一本送给隔壁的老师或领导）。

——戴安娜·奥萨吉，勇敢领导力组织和女性领导力学院的主管

Introduction

前　言

　　一寸光阴一寸金，寸金难买寸光阴——人们愿意花钱买时间，在教育领域尤其如此。有限的时间让许多教师感到力不从心，无法如愿完成各个方面的目标。教学仿佛成为一项永远无法"完成"的工作。

　　教育工作者最根本的任务就是教书育人，但任何在学校待过5分钟以上的人都知道，事情可没有那么简单。在实现课程目标的同时，解决学生的社交问题，帮助他们成为独立、自信的个体，并不是一件容易的事。我们有一箩筐的知识需要与学生们分享，还有数不清的技能要教给他们，自然，我们想把事情做到最好。

　　教学不仅需要高效的备课和授课，更需要深入的思考和反思，这就需要更多的时间。不幸的是，由于预算紧张，学校可能没有能力为员工提供高质量的教师持续专业发展（CPD）培训，这意味着职业发展往往留给教师自己来负责。我们都知道持续专业发展的重要性，但当我们的时间很紧迫时，又该如何持续、切实地发展我们的职业呢？

　　方法和建议其实多得不可胜数，但对所有的教育工作者来说，从数以万计的研究论文、博客和书籍中筛选，并不是一种切实可行的选择。我们需要简明扼要、易于理解的思想和理论，以促进教师的职业发展。这就是本书的撰写目的：我们会为你提供一系列思想的概要和总结，不论是传统的还是有争议的思想，每一个都能让你在60秒内快速消化吸收。

　　各章节的重点如下：行为；平等、公平和包容；领导力；学习环境，以及心理健康和幸福感。在每一章中，你都会发现富有建设性的思想和研究，这些思想和研究会对你的学生、学校、同事和教学产生巨大的影响。

　　在教师持续专业发展问题上，我无法帮你创造出更多的时间，但我希望，你终会发现，本书中的观点可以帮助你充分利用时间。当然，你可以一口气读完这本书，也可以按自己的意愿随意翻阅。随着时间的推移和教师职业的发展，你可以重复阅读，不断回顾书中的内容。记得和同事们分享你的想法。我们是志同道合的一群人，所以，分享实践、观点和研究是我们作为老师和团队成长的一个绝佳方式。

Behaviour

第 1 章

行 为

行为。现在有一个词在教育工作者（和家长们）中间引发了争论。校园行为是引发争论的导火索，其原因很简单：挑战性行为会妨碍教学、阻碍学习、影响教职员工和学生的健康。

你很可能听到过，甚至做出过这样的评论：比如，"去年可不是这样子的"或者"在我们那个年代，学校里可没有这些行为问题"。但数据表明，总体而言，校园行为并没有变得更糟，也没有变得更好。根据2018年"教师之声综合调查"（Teacher Voice Omnibus Survey），73%的英国教师认为，他们的校园行为良好或非常好。教育捐赠基金会（Educational Endowment Foundation）的《改善校园行为》（*Improvement Behavior in Schools*）的文件表示，在过去10年中，报告校园行为良好或更好的教师比例相当稳定。不过，值得思考的还有女教师工会联盟（NASUWT）2019年问卷大调查的结果，该调查发现，82%的教师认为，当今学校普遍存在行为问题。无论你的观点或经历如何，我认为，我们都能在一件事上达成共识：挑战性行为会使教师承受相当大的压力。

当谈及行为时，人们往往会假设，我们指的是有问题的行为。我发现，用字典中的定义来思考行为更合适："行为，是一个人生活或行动的方式，尤其是对待他人的方式。"如果我们注重的是学生们的表现，而不是他们的表现有多糟糕，我们就会从一个封闭的立场，转变为一个开放性、反思性的态度。校园行为通常是积极的，或者至少是可以接受的。你可以说我幼稚，但我更愿意相信，好事多于坏事，喜悦多于沮丧，希望多于绝望。我见过做坏事、说脏话、行为不端的学生，但我从没见过一个"坏"孩子。

学校里一般都会有行为守则。如果你是一个领导者，你的职责就是清晰地界定这些规范。如果你是一名教师或助教，你的职责就是把它运用到你的课堂上。毫无疑问，遵守校园准则有助于实现整个学校的一致性，并对学生的行为产生积极的影响。话虽如此，但值得注意的是，每个老师对学生行为的期望值各不相同，这些差异是允许存在的。

花时间反思你所关注的学生行为一定会带来回报。在深入研究本章提出的观点和研究之前，思考一下，对你来说，什么行为是可取的和不可取的。你可以参考由R. J. 卡梅隆（R. J. Cameron）定义的这五类破坏性行为。

1. **攻击性行为。**

    例如打人、揪头发、踢人、推人、使用侮辱性语言。

2. **实际的破坏性行为。**

    例如砸碎、损毁或污损物品或投掷物品、骚扰其他学生。

3. **社交类破坏性行为。**

    例如尖叫、逃跑、发脾气。

4. **挑战权威的行为。**

    例如拒绝执行指令，表现出挑衅的言语行为和非言语行为，使用轻蔑的语言。

5. **自我破坏性行为。**

    例如做白日梦、在桌子下看书。

我们遇到的问题行为会因学生的群体、年龄、学校所处的地域而有所不同。为了确定你的重点和界限在哪里，花点时间，在下面的表格里写下你认为在课堂上的良好行为和不良行为。

良好行为	不良行为
1	1
2	2
3	3
4	4
5	5

努力把这些期望传达给你的学生，有助于建立起清晰的界限——你可以尝试使用课堂讨论、展板或图表，借助任何你喜欢的方式。只要孩子们充分理解了，他们就有机会实现你的期望。毕竟，如果你闭口不言，也就没有必要对行为抱有期望了。学生们通常只需要方向，明确的期望会为他们奠定坚实的基础。

当我刚开始教书时，行为问题是我非常关心的问题。学生们会守规矩吗？如果他们不守规矩怎么办？行为管理可能是大多数新手教师的一个关注重点：一项为期6年的对实习教师教学经历的研究发现，学生的行为往往与实习教师的负面经历相关。女教师工会联盟发表的一份报告表明，行为问题会影响实习教师继续从事教师工作的意愿。这不足为奇。在考虑留用教师的问题时，我们需要非常严肃地对待不良行为。这里有三条关于行为的关键建议，我希望能告诉刚刚成为实习教师的同人：

1. **学生们不会总是表现得很好。**

   至少不是所有人都这样，当然也不是一直都这样。

2. **这和你无关。**

   即使是与你有关，也不是与你这个人有关，而是与你的方法有关。

3. **假装生气，不要真生气。**

   当你真的生气时，退后一步，深呼吸，想想前两条建议。

对某些具有挑战性的行为存有合理预期，有助于你的健康。这绝对不是说教师应该接受这种挑战性行为。但是，你要记住，你面对的是一些前额皮质还远未发育完全、荷尔蒙水平较高的年轻人，他们肯定会出现自我调节和情绪爆发的问题。有些学生的家庭生活给他们带来了难以置信的创伤，使他们在情感上变得非常脆弱，有时还会产生戒备心和防御心理。如果你期望他们有完美的行为，你一定会失望的。用应对负面行为的策略武装自己，并学会如何照顾自己的健康和压力水平，这样做会更有效。

本章的目的是帮助你做好准备，使你有能力管理学生的一系列行为。但是，每天面对那些表现出极具挑战性行为的学生，确实会让教育工作者感到疲惫、沮丧和孤独。如果你在尝试处理行为问题时感到太多的负面情绪，可以和你的同事、工会组织谈谈。

1. 教育捐赠基金会的建议

以下是教育捐赠基金会在《改善校园行为》指南中提出的六条建议。

1. 了解并理解你的学生及其影响力。
2. 在管理不良行为的同时，还要教授学习行为。
3. 使用课堂管理策略来促进良好的课堂行为。
4. 在日常工作中，多使用简单的方法。
5. 使用有针对性的方法来满足学生个人的需要。
6. 一致性是关键。

为何有效？

这是一套清晰而全面的管理校园行为的方法，可以让教师专注于教学，让学生专注于学习。

重要提示

请阅读完整的报告，并在办公室里存放一份摘要总结。请在下面的网址查询报告：

https://educationendowmentfoundation.org.uk/tools/guidance-reports/improving-behaviour-in-schools/

2. 警告

没有人喜欢惩罚，但不幸的是，为了维持良好行为准则，有时也需要惩罚。以下是关于如何保证处罚的公平性，并让学生心甘情愿接受处罚的建议。

1. **警告**。在你进行处罚之前，一定要给出警告。可以使用简单的语句，如："西恩娜，你忽略了我的指令。如果再这样继续下去，你将会被扣掉一分。请把这当作对你的提醒。如果我再找你一次，你就会被扣掉一分。"

2. **检查学生是否理解**。在你的警告之后加上一个问题，以确保它被理解——例如，"你明白吗？"或者"明白了吗？"这样，学生就有机会充分理解你的期望。

3. **表扬或惩罚**。如果西恩娜改变了行为，就要表扬并告诉她，为什么改变会对学习产生积极影响。如果行为问题继续下去，就予以惩罚。不要再给额外的警告。而是简单地解释一下，之前已经警告过了，但这种行为仍在继续："我们讨论过，如果你继续无视指令，你会丢掉一分。可惜的是，你还在继续。现在扣你一分。"

4. **后果**。现在你又回到了警告阶段。再次警告，如果这种行为继续下去，将有更严重的后果。根据学校的行为规范，突出强调这些内容。

为何有效？

明确的警告使学生能够真正承认自己的行为。你的指令越是清晰、公正，学生就越能明白你说的是什么意思。

重要提示

了解学校的行为准则，并向全班同学说明，你会严格遵守和执行的。

3. 减少挑战性行为

每天都要面对一个极具挑战性的学生该怎么办？虽然每个孩子的问题各异，但是下面这些关键的方法，可以帮助你减少学生的问题行为。

1. **了解学生。**了解他们行为的诱因，以及如何做能帮助他们冷静下来。

2. **留意学生。**有时候，学生的情绪大爆发来得莫名其妙，但是通过仔细的观察，就可以窥测出学生行为恶化的迹象（过度兴奋、情绪激动、昏昏欲睡、不合群，等等）。

3. **转移他们的注意力。**布置一个任务或给他们情绪出口（例如读书）。

4. 如果时机得当，**幽默**（但不是讽刺）可以发挥作用。

5. **给他们足够的时间和空间冷静下来。**我们常常认为学生已经冷静下来了，结果他们又再次爆发了。在许多情况下，这根本不是第二次爆发——因为第一次爆发压根儿就没结束。

6. **不要陷入争论，也不要问他们为什么这样做。**至少在一开始不要问。一般来说，在崩溃的时候问"为什么"是没有用的。

7. **倾听学生。**如果他们正在沟通反馈一个问题，试着倾听，并尽可能提供解决方案。

8. **表现出同理心。**让他们知道，你理解他们的问题以及感受。

9. **寻求他人的帮助。**寻求一些能与学生建立联系的关键人物，借助他们的帮助来支持你和你的学生。

10. **制订一个行动计划。**如果事情失控或情绪爆发发生的频次越来越高，那么，是时候召集相关各方制订一个行动计划了。你不应该独自承担压力。

为何有效?

通过了解和应用上述技巧,可以减少(甚至完全避免)情绪大爆发。

重要提示

当学生情绪爆发时,把所有的事情都记录下来:日期、时间、地点、涉及的人、诱因、结果,等等。你永远不知道什么时候需要回顾事件的细节。如果你受到一个学生挑衅性行为的影响,一定要和你的同事谈一谈。

4. 正面优先法

关注不良行为是很容易的,但通过表扬来认可良好行为会有很多好处。试着用这种积极正面的方法来提升学生的行为表现(和你的幸福感)。

1. 写下你们班集体表现出的三个良好行为。做这件事无须让学生参与。

2. 在教学过程中,学生每次集体展示出这些良好行为时,都要表扬和感谢他们,解释这种行为对学习的积极影响。

3. 写下你们班集体表现出的三种不良行为。同样,这是为了你自己反思,所以也不要让学生参与进来。

4. 对于每一种不良行为,在脑海中记下一个在这段时间内始终保持良好行为的学生(例如,当其他人在课前准备阶段叽叽喳喳聊天时,布拉德利却耐心地坐着,并准备好自己的学具)。

5. 当学生集体表现出不良行为时,找出那个表现良好的学生,并提醒学生们把注意力转向良好行为。要注意,不要在学生之间进行比较,只是表扬好的做法并阐明原因。

6. 如果此时没有一个学生表现出良好行为，那就使用另一个表现良好的班级或小组的例子。

这种方法不是很常见吗？

这种方法并不新鲜。问题是，在当下我们并不总是能做正确的事情，所以请把这当成一个小提醒，让我们记住真正有效的策略吧！

重要提示

当你引入良好行为时，它会对学习产生积极的影响。这让我感到非常自豪。我希望看到更多这样的情况，这样我们都能从中受益。

5. 人人都是榜样

每个人都需要一个好榜样。每个人在某种程度上都可以成为一个好榜样（即使是最麻烦的学生）。试着用这个策略来成就一群行为良好的榜样先锋吧。

1. 从仔细观察课堂开始，找出并记下每个学生的优点。
2. 告诉全班同学，你一直在关注他们，你真的很自豪，他们都以某种方式证明了自己是一个好榜样。
3. 大声说出他们令人钦佩的优点，解释为什么这些优点使他们成为可靠的榜样。
4. 制作一张海报或展板，展示每个学生的主要优点。
5. 在一天之中，使用这些优点，来表扬和提醒学生其自身的行为。例

如，"拉夫显然是受到了马尔戈的启发，因为他一直在努力支持所在
小组，这是马尔戈的优点"。或者"弗兰基，我觉得你应该向雷亚内
斯学习，展现出良好的礼貌"。

为何有效？

让每一个学生都感到被尊重，会促进他们积极的行为。他们可不想辜负你在
他们身上发现的优点。

重要提示

把可以互相学习的榜样放在一起。例如，如果弗兰克表现出工作精神，但还
需要在礼貌方面下功夫，那么就让他和贝拉配对，因为贝拉表现出了良好的礼貌
但她缺乏工作精神。

6. 一致性测试

前后一致和可预期的方法可以极大地帮助你管理学生的行为。

1. 你每天都有固定的日程安排吗？

2. 学生们会经常问你下一步要做什么吗？

3. 你的计划总是经过深思熟虑吗？

4. 你总是严格执行学校的行为规范吗？

5. 你对所有的学生都一视同仁吗？

6. 活动或课程之间的过渡是否感觉流畅和无缝衔接？

7. 不管你的心情如何，你每天的期望都是一样的吗？

8. 你班级里的行为是不可预测和不一致的吗？

我的答案意味着什么？

你可以决定答案意味着什么——只需反思每个问题，以及对你的回答的满意程度。哪个问题一直困扰着你？它可能就是你需要花更多时间思考的问题。

重要提示

你对学生的态度越一致，他们就越会有安全感。这会对他们的行为产生积极的影响。

7. 稳定性和常规性

当课堂秩序稳定时，学生们就能很好地安定下来。有时，日常生活中哪怕有一点小小的变化，都可能导致混乱。研究表明，家庭生活不稳定会对学生的发展产生负面影响，所以我们不想让孩子在校生活不稳定。遵循下面这些建议，确保日常生活的改变对行为的影响尽可能的小。

1. 给学生展示每周的时间安排表。
2. 在开始新的一天时，简要说明一下什么时间会做什么事情。
3. 解释一下，有时候会发生意想不到的事情，用例子进行讨论。
4. 及时通知学生接下来几周的日程变化。这对于患有自闭症的学生尤为重要。也要记得在当天进行提醒。

为何有效？

为日常生活的变化做好准备，有助于学生们应付自如。

重要提示

当意外的事情发生时，提醒全班同学，需要适应这些变化。

8. 帮助学生处理意外的干扰

当家长在门口徘徊时，当同事突然进来问问题时，或者手机响了，孩子们的行为就会变差。意外的干扰可以成为训练学生完成任务的最佳时机。如果你的班级很容易被干扰分散注意力，请尝试这个简单的方法来解决这个问题。

1. 买一个触摸灯（宜家有卖）或者一个触控灯，还可以使用一张可以快速贴在白板上的红色卡片。

2. 向全班同学解释，干扰随时会发生。让他们分享自己的想法，如果干扰发生了，他们应该怎么做——把这些称为"等待的方式"。

3. 向全班同学说明，当发生干扰时，你会打开灯或将红色卡片贴在白板上。当这种情况发生时，学生们应该想起他们"等待的方式"。

4. 付诸实践，当你的课堂被打断但却没有陷入混乱的时候，表扬学生的努力。

为何有效？

如果他们不知道保持注意力是多么重要，当干扰发生时，他们就不会专心工作。

重要提示

  当你第一次开始使用这个策略时，请一位同事帮忙，来模拟干扰发生的情况。这样做可以给学生们一个练习等待的机会。

等待的方式

  有时我们的课可能会被打断。

  如果发生这种情况，请记住我们等待的方式……

继续推进你的学习

  如果你正在做某件事，一个意外的干扰并不会改变什么。请继续学习。如果恰逢我在上课，你可能需要耐心安静地等着，直到我准备好。

安静而理智地学习

  记住，即使有人打扰你，你也应该保持冷静和理智！如果你能在我们的课被打断时保持安静和理智，我将为你感到骄傲。

不要打扰我

  除非有紧急情况，否则在我处理突发事情时，不要打扰我。我越早处理这个问题，我们就能越早继续上课。

耐心一点。我不会很久！

  你可能需要我的帮助，或者想告诉我一些事情。请耐心等候我的帮助或倾听。我会尽快来找你。

9. 规则是……

你的学生是否经常违反学校的规则或行为守则？这是一种非常有效的策略，可以在不要求他们满足你个人期望的情况下，引导他们朝着预期的行为方向发展。

1. 识别什么是不良行为。例如，一个学生上课时捣乱，浪费时间。
2. 告诉他们正在做的事情："你正在课堂上胡闹。"
3. 告诉他们规则是什么。例如，"规则是，上课时我们要专注于自己的工作，并努力实现目标。"
4. 要求他们遵守校规。

为何有效？

这条建议我屡试不爽，我发现这比把带有个人色彩的规则说出来要有效得多。"规则是……"这句话让期望变得不那么个人化。

重要提示

这种方法对有特殊教育需求或自闭症的学生尤其有效。

10. 非语言行为管理

永远不要低估非语言符号的力量，以及它们对学生认知发展的影响。以下是三种对付不良行为的非语言策略。

1. **暂停。**停止讲课，用一种镇静的表情看着教室后面。如果学生停止了这种行为，等5秒钟后再继续上课。如果他们没有，用眼睛直视他们，再数5秒。如果他们还不停下来，你就可以说出他们的名字（但通常会有其他学生为抗议他们的行为而替你这么做）。

2. **停止手势。**用手示意"停止"，是让学生停止不良行为的有效方法。

3. **利用手臂和眉毛。**你的手臂和眉毛会透露你的意图。试着交叉双臂或做手势，好像在说："真的吗？"挑起眉毛通常会对学生产生神奇的效果。

为何有效？

诸如此类的策略可以让你控制自己的行为，而不必对学生进行过多的"指责"，这些非语言暗示减少了干扰，让你不用重复就可以清楚地表达期望。

重要提示

非语言的暗示有时会让患有自闭症的学生感到困惑，他们可能需要额外的解释。有关与自闭症学生相处的策略和注意事项，请参阅第4章。

11. 分解问题行为

问题行为经常引发新手教师的担忧，即便是有经验的教师也会有所抱怨。解决这个问题的最好方法是，问自己以下关于课堂上挑战性行为的问题。

1. 具体是什么样的行为？按照从最不担忧到最担忧的程度，写下三种行为。

2. 什么时候会发生这种行为？识别行为何时会发生，何时不发生。

3. 为什么会发生这种行为？这是你能问的最重要的一个问题，因为它有助于你了解情况，建立同理心，增加解决问题的机会。

4. 谁与之相关？在学校的某个地方，有人和这个学生有关系。你会需要他们的。如果没有人与之相关，又为何会出现这种情况呢？

5. 什么是学生最重视的？找出他们关心的是什么，可以帮助你激励他们。

6. 学校对学生的期望是什么？你需要哪些资源或支持？

7. 谁具有权威性？你需要权威人士定期监督你的行为以获得支持。

8. 父母/监护人需要知道什么？

9. 理想情况下，结果会怎样？忘掉过分严苛的零容忍制度吧。

为何有效？

用企业家托尼·罗宾斯（Tony Robbins）的话来说，"行平常之事，得平常之果"。

重要提示

以终为始。不要期望事情会尽善尽美，你可能会失望的。坚持不懈，积极向上，始终如一。这对你和学生来说都是值得的。

12. 行为干预措施

如果你认为行为干预可能会对学生产生积极的影响，那么就按照以下步骤来帮助学生实现目标。

1. 谁需要知晓计划？在计划干预之前，你需要确保学校领导团队和学生的家人都同意。安排一次与高层领导的会议，讨论干预的想法。
2. 什么类型的干预有效？一定要考虑到有问题的学生。什么可能对他们有用？为什么？
3. 成功的干预依赖于时机。你应该在什么时候开始？干预应该在哪一天进行？为什么？
4. 学生会作何反应？关注他们对潜在干预的感受，并确定你的预期结果。

为何有效？

根据教育捐赠基金会的说法，有证据表明，行为干预，尤其是一对一的干预，能够适度提高学习成绩，同时减少问题行为。

重要提示

干预通常需要持续3—6周。

13. 师生携手：打破行为周期

如果一个孩子的行为已经失控，可能有必要开始主动干预。这种负面行为可能表明孩子已经到了危机点，如果想改善自己的行为，他们就必须首先感觉到自己信任周围的人。你可以用这种社会联系策略打破这个行为周期。

1. 课余时间和学生聊天。告诉他们，你注意到了一种负面的行为模式，并讨论这对他们学习的影响。

2. 问学生，为什么会发生这种行为。一个出人意料的答案可能会让学生采取行动来解决问题，但学生通常会说他们不知道。

3. 要求学生改变行为，解释这将对他们的学习产生积极影响。

4. 告诉他们，每次他们避免这种行为时，你就会默默加分（在黑板上打钩、把一颗弹珠放进罐子里、奖励5分钟的休息时间、可以往家里打个电话，等等）。每一次他们表现出负面的行为，你就会扣分。

5. 将每节课获得的分数记录下来，并在一天或一周结束时与他们讨论进展情况。只要他们做得好，依你意愿给予奖励，但一定要认可成功。

为何有效？

解释负面行为带来的影响，可以鼓励学生作出改变。可见的提示和一致性的奖励使策略具有激励性，易于执行。

重要提示

从一个容易改正的负面行为开始。一旦取得成功，就着手解决下一个行为。

14. 发挥同伴的影响力

担心学生迷失方向？向他们的朋友求助，帮助他们回到正轨吧。

1. 确定你的主要目标——例如，让学生按时到校，建立他们对学习数学的信心，学会寻求帮助或平静地表达自己的需求。

2. 找出他们最亲密的朋友。

3. 跟学生以及他们的朋友谈谈。描述你对学生的目标，向他们解释这会如何对他们的教育或校园生活产生重大影响。

4. 给学生的朋友一些建议，告诉他们如何帮助他，告诉他们有一个好朋友的支持对成功是至关重要的。

5. 分别考查学生和他们的朋友的情况，看看是否取得了进步。

为何有效？

问题学生想让朋友为自己感到骄傲。反过来，当自己的影响力对这个学生产生积极影响时，作为朋友，他们也会感到自豪。

重要提示

注意不要给孩子们太大的压力。他们需要知道自己的角色是朋友，而不是人生导师！

15. 关怀学生，展望未来

你是否希望自己能向学生展示，他们现在的行为将如何影响他们以后的生活？请学生关怀小组尝试这个策略，帮助学生更好地规划未来。

1. 抽出10—20分钟与学生进行一对一的规划。准备一张纸和几支笔。

2. 告诉学生，你想帮助他们制订一份未来时间表。

3. 留心他们5年前的情况，简要地谈谈自那以后发生了什么变化。继续沿着时间轴，了解他们现在的基本情况，比如所在的年级、年龄和最喜欢的活动。

4. 让学生提出他们明年想要发展的技能，并将其设置成时间轴上的下一个里程碑。

5. 两年和5年后亦如此。在他们讨论自己的目标时，沿着时间轴做笔记。他们可能需要一些问题提示，来帮助自己提前思考。

6. 问问他们，什么可能会阻碍他们实现目标。对他们的行为持开放态度，无论是良好行为还是不良行为，向学生解释，这些行为会如何推动或阻碍他们的进步。

7. 向学生解释，现在的行为会直接影响他们以后的选择。谈谈能够帮助他们实现目标的良好行为。

为何有效？

这项活动为学生提供了一面镜子，帮助他们了解，自己当前的行为可能比他们意识到的更重要。

重要提示

当学生表现出不良行为时，提醒他们未来的目标，以及他们现在的行为将会如何改变他们的未来。

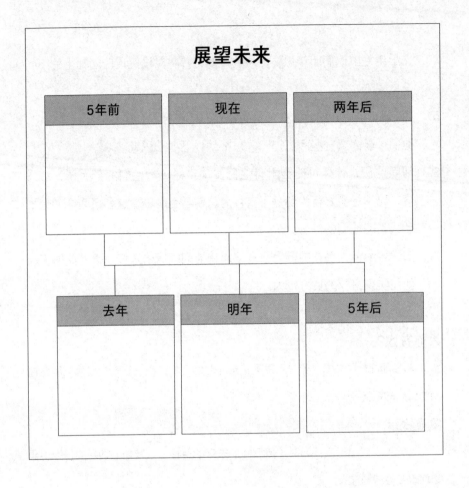

16. 家校合作：确定共同的目标

让家长参与是一种强有力的行为管理策略。试着用这个五步走的方法来和家长沟通，以达到共同的目标。

1. **取得联系。**

   邀请家长或监护人到学校面谈。不要在电话中解释太多，但要明确面谈的目的——例如，"我想和您探讨一下让杰玛做出积极行为改变的想法、希望和方法。"

2. **做好准备。**

   面谈开始时，积极讨论家长和老师如何共同努力改善孩子的行为。阐明你的想法、希望和方法。

3. **倾听。**

   父母或监护人会对讨论有所贡献。让他们分享自己的希望和想法，倾听他们的看法，并将此纳入改进的过程中。

4. **明确接下来的步骤。**

   以一个计划结束面谈；讨论预期结果和一些实际的时间表。

5. **让学生也参与进来。**

   邀请他们参加面谈，形成统一战线，分享你的想法、希望和方法。告诉他们目标和时间表，并讨论你希望看到的任何改变的结果。

为何有效？

让家长参与进来，可以让学生看到家庭和学校的期望是一致的。

重要提示

请参阅第3章，了解更多让父母和监护人参与进来的策略。

17. 反思：哪里出了问题

元认知思维可以帮助学生更善于反思，更好地调节他们的情绪。自我反思可以成为学生改善行为的宝贵工具。下面是简单的示例。

1. 当负面行为发生时，先问问学生是哪里出了问题。让学生用他们自己的方式解释，而你负责倾听、厘清和复述。

2. 当你确定什么地方出了问题时，问学生为什么。再一次，仔细倾听。如果学生不能肯定，就提出问题。如果他们还是不确定，就告诉他们。

3. 一旦你知道了原因，就问："接下来该怎么做？"和学生讨论不同的应对方法及其后果。

为何有效？

作为成年人，我们经常花时间思考什么地方出了问题，为什么以及接下来会发生什么。这个策略可以帮助学生练习自我反省的技巧。

重要提示

不要试图在情绪高涨时进行这些对话——给学生足够的时间，先冷静下来。不要咄咄逼人。

18. 提升自我调节能力以改善行为

心理学和哲学教授斯图尔特·尚克博士（Dr. Stuart Shanker）将自我调

节定义为"管理压力的能力"。他将调节失调描述为：当孩子的压力水平过高时，各种思考和新陈代谢恢复系统都会受到损害。孩子的行为、情绪、注意力和身体健康都会表现出失调的迹象。

当涉及校园行为时，把自我调节看作是自己对压力源的反应，并使自己的行为与长期目标保持一致是很有效的。课堂上常见的压力源包括：发现任务太有挑战性、被同学激怒、丢失文具或感觉不适。那么，如何才能鼓励学生进行自我调节呢？

1. 帮助学生明确他们的长期目标和个人优势。压力源出现时，他们可以把这些记在心里。

2. 教授学生减压的技巧，比如练习正念呼吸法。

3. 给学生在行为或情绪爆发后恢复的时间和空间，然后和他们谈谈发生了什么，以及他们希望自己如何回应。

4. 当学生表现出很强的自我调节能力时，表扬他们（例如，在分心或受到质疑的情况下完成学习任务，在压力事件后情绪平静）。

为何有效？

培养学生的自我调节能力，会给他们和你带来很多好处。

重要提示

让我们来探索一下我的智力偶像——自我调节方面的专家斯图尔特·尚克博士的工作吧。他的网站（https：//self-reg.ca）提供了广泛的资讯和资源，你可以获取有关自我调节理论的资料。

19. 文化高于战略

行为领域专家保罗·迪克斯（Paul Dix）认为，"在行为管理中，文化把战略当早餐吃了"。管理大师彼得·德鲁克曾经用非常有意思的一段话总结了这一点："对于文化来说，战略是早餐，技术是午餐，产品是晚餐。文化会吃掉后面的其他东西。"正确的文化是关键。有了正确的文化，所采用的策略就变得不那么重要了。文化是由成年人的行为方式决定的。这里有几个值得思考的问题，供高层领导在学校中塑造行为文化。

1. 你对行为的期望是什么？为什么？

2. 如何与同事共享这些信息？

3. 这些信息是如何与学生分享的？

4. 家长如何了解和支持这些期望？

5. 如何鼓励这些期望？

6. 如果符合期望，结果会怎么样？

7. 如果不符合预期，结果又会是什么？

为何有效？

界定出学校的行为文化及其落实方式，这种做法将确保实施过程中采取一致的方法，对学生的行为能产生积极影响。

重要提示

用全新的眼光审视学校的行为守则。反思，它是文化还是战略？

20. 防止霸凌行为

根据2018年英国教师之声的综合调查，约五分之一的教师表示，他们班上的学生曾遭遇霸凌。英国教育部发布的关于预防和解决霸凌问题的报告称，擅长解决霸凌行为的学校通常会采取以下措施：

1. 让父母参与进来。让他们了解最新的政策和相关程序。

2. 让学生参与进来。确保学生了解，他们在防止霸凌行为中可以发挥的作用。

3. 定期评估和更新政策。

4. 实施纪律处分——这会向所有学生传递强烈的信息。

5. 花点时间，开诚布公地讨论一下人与人之间的差异。

6. 教会学生，带有偏见的语言是不可接受的。

7. 利用反霸凌组织的专业知识。

8. 让教职员工参与进来。当学校的所有职工都知道并理解这些政策时，反霸凌政策才是最有效的。

9. 进行培训，帮助教师了解学生的需求。

10. 确保学生能够很容易地报告霸凌事件。

为什么要阻止霸凌行为？

霸凌会对青少年产生长期的影响，如随之而来的心理健康、肥胖、失业，以及无法建立稳定的关系等问题。

重要提示

为霸凌受害者提供支持和帮助，并为霸凌者提供坚定的引导。

21. 重视礼貌：全校参与

有些孩子没有意识到他们给人留下的印象是不礼貌的，或者没有意识到这是一个问题（自闭症儿童可能需要更多的支持。请阅读第4章）。但是礼貌是一种生活技能，请尝试全校参与的方式来提升校园礼仪。

1. 与校领导或者相关负责人一起计划并实施礼仪课程，让他们明确希望在学校看到的礼仪（说"请"和"谢谢"，适当使用问候语、寒暄、餐桌礼仪，等等）。

2. 可以组织一次有关礼貌的主题活动，或制作教学影片与海报。

3. 负责人可以在课堂上做简短的演讲，表达对学生的期望，提供讨论的场景，或者举行有关礼貌的趣味问答活动。

4. 确保教职工高度重视礼貌，表扬有礼貌的行为，并在必要时进行提醒。当然，教师们也应该成为礼貌的榜样。

为何有效？

树立一种鼓励、重视礼貌行为的校风，有助于改善工作关系，塑造积极、友好的学习氛围。

重要提示

在学校给家长和监护人发邮件时，将此作为一个重点进行分享。

22. 重视礼貌：集体干预

尽管大力推行礼仪，你是否依然有一群举止粗鲁的学生？是时候让他们加入你亲自指挥的行为俱乐部了！

1. 邀请学生参加正式会议。

2. 解释为什么在像学校这样的社区里，礼貌和举止如此重要。讨论一下他们需要改进的地方，以及要加入行为俱乐部的原因。

3. 作为学习计划的一部分，让学生们学习与礼貌行为有关的各种技能。确保他们知道什么是良好的行为举止。

4. 带学生在学校里四处走走，让他们识别并记录好（坏）的行为和举止。

5. 每周开一次会，每次解决一个问题。例如，在第一周，你可以教学生"如何回应你不喜欢的事情"或者"我们如何与不同的人打招呼"。

6. 在行为俱乐部培训结束后，安排一个轻松愉快的任务，要求学生们利用所学的技能，迎接和会见一位特殊的访客，并带他/她参观学校。

7. 当学生的行为和举止有所改善时，他们就可以从行为俱乐部毕业了。

为何有效？

虽然这种策略有点无厘头，但它给了学生机会，去发展与他们的行为相关的知识、理解力和技能。

重要提示

向各科老师询问有关学生行为举止的最新情况，以便在每周例会上作参考。

行为俱乐部

姓名		
技能	完成日期	评价
见面问候		
微笑致意		
打招呼欢迎		
自我介绍		
握手		
展开交谈		
积极倾听		
轮流表达		
问问题		
开场白/结束语		
校园活动		
行走		
尊敬的语气		
竞技比赛		
祝贺对手		
接受这个结果		
举止优雅		
接受反馈		
倾听		
尊重反馈		
解释你的感受		

23. 制止课间粗野打闹行为

孩子们喜欢在课间休息时打打闹闹，但通常会以掉眼泪收场。下面的方法可以防止学生过度粗鲁嬉戏。

1. 界定什么是粗野打闹行为。教职员工可以共同讨论这个问题，也可以邀请校领导一起，他们会有很多见解。
2. 讨论操场上主要存在何种粗野打闹：扯衣服、勒脖子、推搡、推挤、假装打架。
3. 注意是否有任何群体或个人的名字不断出现在谈话中。
4. 请学校拍一段关于安全玩耍规则的视频。视频可以走轻松愉快路线，但要传达明确的关键信息。
5. 在学校活动中播放视频，并讨论与这种类型的游戏相关的问题。
6. 在午餐和休息时间为教职员工提供红黄牌。他们可以用这些牌子，来警告和处罚粗野打闹行为的学生。

为何有效？

学生们可能不知道为什么粗野打闹是个问题。坦率地告诉他们了解问题所需要的知识，使他们做出正确的选择。

重要提示

让你班上的"捣蛋分子"参加这部视频的拍摄，让他们感受到自己对这个问题的"贡献"。

24. 棘手班级

孩子们在学校里的不良行为或态度有时会带来坏名声。这种声誉可能会导致恶性循环：为了"不负盛名"而重复出现不良行为。当一群不守规矩的学生出现在同一个班级时，你该如何应对这群"麻烦"的学生呢？

1. **分而治之。** 找出最有影响力的学生，以及他们对群体行为的影响。

2. **把主要违规者分开。** 这么做并不是离间友谊，而是确保这些学生在课堂上不要坐在一起。

3. **了解行为诱因可以帮助你避免问题。** 思考问题的产生是否是因为课程内容重复？缺乏规律性？做太多笔记或拓展？

4. **告诉学生们你的帮助意愿。** 他们已经开始有了坏名声，但你想帮助他们扭转这种局面（即使你认为你做不到），因为你相信他们（即使你并不相信）。

5. **与学生个人建立良好融洽的关系**（参见第9章的融洽建议）。

6. **抓住每一个机会鼓励全班同学。** 即使他们只是都打开了书本，也要给他们比画一个表扬的手势。

7. **保持冷静。** 坚定但公平，避免发脾气。你知道课上有时会出问题，所以要做好最坏的打算，但也要追求最好的结果。

为何有效？

通常情况下，一个棘手的班级始于一两个具有挑战性的学生，他们有意无意地塑造了课堂气氛。你需要一次解决一个学生，一次解决一个习惯。

重要提示

坏名声很容易形成，却很难被打破。要致力于让整个班级发生转变，记住，这不会是一蹴而就的。

25. 拯救"替罪羊"

你是否发现某个学生总是受到指责，即使他根本不在教室里。这一策略有助于制止推卸责任的行为，防止"那个学生"成为全班的替罪羊。

1. 放大这类学生的优点，让他们的良好行为能够脱颖而出。
2. 当学生企图进行指责时，向他们解释无罪推定的原则，并教导学生什么是指责。
3. 给所有当事人一个适当表达自己的机会，必要时使用反思策略。
4. 当出现问题的时候，不要问"这是谁干的？"或"谁说的？"。这些问题经常导致学生们不公正地指责那些"嫌疑惯犯"。

为何尝试？

研究表明，14个月大的孩子就能形成对他人观点的意识，而且人类对自己的声誉有一种自然的关注——害怕自己被排斥。不幸的是，随着时间的推移，一个孩子可能会成为课堂上的替罪羊，被全班同学排斥。需要有人来打破这种循环。

重要提示

让全班同学一起阅读绘本《爱德华——世界上最恐怖的男孩》，并讨论这本书的主题。爱德华是个很普通的男孩。他会调皮地紧追着动物跑、会制造噪音、房间乱得像狗窝，有些大人看不惯就说，爱德华是世界上最野蛮、最吵闹、最邋遢的男孩。渐渐地，爱德华就如大家所愿，变得越来越野蛮、越来越邋遢。当责备发生时，请提醒同学们爱德华的故事。

26. 共享问题，共享实践

学生的行为是否给你的同事带来了困扰？在教师会议上花些时间反思行为问题。

1. 让教师们提出一个与他们班上的不良行为有关的问题，再提出一个他们积极管理行为的方法。让他们把这些分别写在两张纸上。
2. 把纸片混在一起，放在桌子上。
3. 请教师们阅读所分享的问题和策略。
4. 每个人在会议结束时都会获得一个观点和一个解决方案（但愿）!

为何有效？

教师们擅长解决问题，但时间有限。因此，安排时间讨论不良行为，以及分享智慧的做法是很有意义的。

重要提示

保留这些建议，并将其整理成一份"实践指南"，在会后发给教师们。

Curriculum

第2章

课 程

学校课程的结构、教学和评估可以说是课程设置的基础。如果孩子们来学校是为了学习，教师们来学校是为了教学和评估学习，那么"教什么"和"学什么"就对结果至关重要。问问自己，我们能教什么？学生可以学到什么？

尽管英国的公立学校必须遵循国家课程体系，但私立学校没有义务这么做。尽管如此，政府仍然希望所有学校提供广泛而均衡的课程，这是正确的。我认为大多数私立学校也会遵循国家课程，使用教学指南和大纲覆盖的范围和提供的内容来设置课程。因此，当谈到英国的课程内容时，在我看来，绝大多数学校的做法都是一致的。然而，由于各种各样的因素（学生群体、招生地区、领导团队的重点任务、对指南的解读、之前的评估反馈等），这些内容的实施因学校而异。此外，国家课程的内容非常广泛，因此学校管理课程覆盖范围和重点的方式也各不相同。基于以上原因，在学校之间找到一种共同的方法或许是不可能的任务。规划和实施学校课程并不是一门精确的科学。

在我看来，学校根据自己的特殊情况来设计课程似乎是明智的。采用通用课程规划工具的学校可能会面临提供通识教育的危险，这种教育不能支持学生发展与所在地区匹配的知识或技能。虽然你可以从网上下载到一些很棒的课程计划，但有些是基本的，而另一些则是完全有缺陷的。预先计划好与国家课程有联系的内容可以节省时间，但应谨慎使用。

思考学校的课程内容是一件非常有趣和令人兴奋的事情。内容的丰富性对我们的学生有着深远的影响。他们在学校学到的东西很可能会影响到他们的余生，所以我们有很大的责任，确保他们离开学校后，还拥有所需的知识和技能。教育顾问玛丽·迈亚特（Mary Myatt）在她《课程论：从混乱到一致》（*The Curriculum: Gallimaufry to Coherence*）一书中说，"孩子们有权接受指导有方、资源丰富和有良好资助的教育"。我非常赞同。作为教育工作者，我们有责任为孩子们提供能够增加他们机会的课程内容。

近年来，课程内容已被提上议事日程。我发现这个话题在推特（Twitter）或脸书（Facebook）等社交媒体上被讨论得越来越多，教育工作者们纷纷表达自己的观点，并寻求他人的观点。此外，英国教育部和英国教育标准局也对课程内容和方法提供了大量指导。英国教育标准局发布的《2019年督导框架》中提出了许多变化，旨在增加对学校课程及其对学习影响的关注。在督导框架指南中，英国教育标准局的首席督察阿曼达·斯皮尔曼（Amanda Spielman）写道："课程塑造并决定了各个年龄段的学习者能从他们的教育经历中获得什么。"因此，课程是评判教育质量高低的核心。

英国教育标准局加强了对课程的关注，全国各地的学校领导可能会审查他们的课程内容。可能出现两种结果：

1. 学校领导认为，他们目前的课程是极富实力的，适合学生，并经过深思熟虑（好消息）。

2. 领导们认为他们目前的课程结构不充分，课程设计缺乏深度或连贯性，或者过于注重应试教学（恐慌开始出现）。

如果我们符合第二种结果，对教师们可能产生很大的影响。问题是，学校及其领导团队的责任是巨大的。

如果学校从督导中得到的反馈显示课程不够完善，可能会影响学校的总体评分，从而影响家长和社区对学校的支持，反过来又会影响到在校学生的数量（随之而来的是经济后果），以及在这种环境下就业的吸引力。因此，我认为学校领导和部门领导在评估当前的课程内容时，应优先采取三项行动：

1. 了解学校提供的课程。

如果你对学校提供的课程内容缺乏深入了解，你就不太可能相信你的学生得到了尽可能好的待遇。

2. 了解课程的影响。

思考课程内容对长期学习的影响，可以使你自信地向同事、领导、家长和其他权威人士进行陈述。

3. 了解如何对课程内容进行合理有效的改进，以获得持续的积极成果。

如果课程内容出现问题，改进策略就是做出积极改变的最重要因素。处理和实施改进的方式可能成就你的团队，也可能毁掉你的团队，因此正确处理这些问题至关重要。

那些定期回顾和评估课程内容的高级领导或学科带头人，可能会对学校当前的优势和发展领域有清晰的洞见。教育往往需要一种平衡——改变太多或太少，就会出现问题。基于这个原因，现在花点时间思考课程的阶段性目标、实施和影响，使用以下提示来帮助你思考。为了简单起见，回答请不要超过10个词。

1. 课程的主要目的是什么?

2. 你怎么知道课程的实施是有目的的?

3. 实施课程的影响是什么?

事实是,没有一所学校的课程是完美的(至少不是每个学科,每个年级组)。如果你认为学校的课程已经完美无瑕,那你就太天真了。没有一所学校故意提供不连贯、狭隘或薄弱的课程。时间紧迫,考核压力很大;大多数学校一直在做它们认为有用的事情。但现在基准已经被重新定义:在英国,课程在督导审查过程中处于中心地位,因此学校需要集中精力提供课程。

本章也提出了关于课程设计和课程实施的指导思想,以期对资深教师及学科带头人的课程设计和实施有所启发。随着教育技术、社交媒体、心理健康问题、极端主义、气候变化、远程工作和网红文化的兴起,教师们面临的普遍挑战是,如何将依然"传统"的课程带到新"互联网一代"的生活中。

27. 了解英国国家课程简史

玛丽·迈亚特在《课程论：从混乱到一致》一书中简要介绍了英国国家课程的历史。你对这些发展了解多少？受迈亚特的启发，下面的问答可以帮你补补课。

问题1：我们一直都有全国统一课程吗？

不是的。在1988年引入英国国家课程之前，地方当局或学校决定它们的课程内容。

问题2：英国国家课程在何时，又因何故推出？

《教育改革法》颁布后，英国于1988年开始实施国家课程。据了解，英国推行国家课程是为了让所有孩子都能有统一的教育标准。

问题3：自1988年以来，英国国家课程有何变化？

自1988年以来，英国国家课程进行了多次修订。大部分改动都是为了精简内容。2011年，蒂姆·奥茨（Tim Oates）领导了一个专家小组，就新的英国国家课程框架提出报告。新的英国国家课程于2013年获得政府批准，2014年学校开始遵循。

问题4：新的英国国家课程有何不同？

除其他变化外，自2014年开始，英国国家课程不再为每一门课程设置等级。课程内容有所减少，却更加严谨。

问题5： 目前对学校的法定要求是什么？

英国的公立学校必须教授国家课程大纲所规定的内容。私立院校等其他学校不需要遵循国家课程的内容（但最好也能教授广泛和均衡的课程）。

为何重要？

了解改革是如何塑造英国国家课程的，有助于深入了解课程目标。

重要提示

阅读蒂姆·奥茨2010年的论文，相信可以帮助你了解更多，可访问tinyurl.com/t6mtpye获得。

28. 课程设置的三种方法

在2018年的一篇文章中，英国教育标准局的首席督察阿曼达·斯皮尔曼探讨了设置学校课程的三个方法，以下是摘要。

1. **以知识为导向的课程。** 斯皮尔曼认为，在采用这种方法的学校里，领导们把课程视为"掌握学校定义的一系列特定学科知识"。知识优先于技能，技能"通常被认为是课程的结果，而不是其目的"。
2. **知识嵌入法。** 采用这种方法的学校"对课程理论的依赖程度低于以知识为导向的学校"。他们重视知识，但也强调培养技能。
3. **以技能为导向的课程。** 少数学校围绕技能培养设计课程。这些学校优先提供学生未来所需的技能，并常常将知识视为"不相关的事实"。

为何重要?

斯皮尔曼的分类可能会给你提供一些思考,在课程方法上有新的思路。

重要提示

值得注意的是,这项研究只调查了23所学校。每个学校各有不同,你所在的学校可能不符合这些方法中的任何一个。

29. 什么是知识丰富的课程

知识丰富的课程(Knowledge-rich curriculums)是一个热门话题,但它到底是什么呢?在一篇文章中,作家兼教育顾问汤姆·谢林顿(Tom Sherrington)提出,知识丰富的课程有四个组成部分:

1. **知识会提供一种驱动力和基础哲学。**谢林顿说,在知识丰富的课程中,"有一种观念认为,通过认识事物,我们就能获得力量"。技能和理解被认为是知识的形式。
2. **知识内容有具体的细节。**谢林顿说,在知识丰富的课程中,任务单元由要学习的知识细节来支持。
3. **教知识是为了记住,而不仅仅是见过。**谢林顿说,一个良好的知识丰富的课程应该参考认知科学。采用低风险测验和间隔检索练习,以优化关键知识的记忆。
4. **知识是被有意识地、连贯地进行排列和计划。**在知识丰富的课程中,为了建立谢林顿所说的"安全架构"(Secure Schemas),并创造相互关联的学习体验，需要对内容进行排序。

为何考虑这个概念？

知识丰富的课程不仅仅是学习事实。当概念被拆解后，方法的复杂性就显露出来了。

重要提示

阅读谢林顿在《影响》（*Impact*）杂志上发表的文章（可访问tinyurl.com/ycnrfmg8获得）。

30. 知识点框架

许多学校使用"知识点框架"（knowledge organisers）来展示学生在某个主题中要学习的最低限度的知识。在一篇文章中，马克·米勒（Mark Miller）老师反思了知识点框架的目的、内容和教学方法。以下是对他一些观点的总结。

目的

1. 知识点框架有助于构建知识架构。

2. 知识点框架可能会减少认知负荷。

3. 知识点框架可以帮助教师发展学科知识。

4. 知识点框架有助于指导教学顺序，指导该学科的教学。

5. 知识点框架有助于更高效地设计课程。

内容

1. 知识点框架通常只占用A4纸的一面。

2. 内容需要通过仔细的选择来精简。

3. 教师应思考哪些知识对理解最有用，哪些对评估很重要。

4. 教师还应该思考，如何通过组织知识点框架的信息，来优化学习。

教学方法

1. 教师和学生应该经常使用知识点框架。

2. 教师应定期提供"检索练习"知识的机会。

3. 教师应确保有关知识点框架的材料能更详细地表达出来，鼓励学生将它们联系起来。

为何有效？

米勒就如何优化知识点框架的使用提供了有益的见解。构思知识点框架，然后高效利用。

重要提示

可访问以下网站阅读全文：tinyurl.com/tyxug2g。

知识点框架：不可思议的地球

关键词	关键知识点
地球：我们居住的星球，这个世界。	我知道地球是太阳系的一部分，此外还有7颗行星。
太阳系：一个受太阳引力约束在一起的天体系统，包括太阳、行星及其卫星、矮行星、小行星、彗星和行星际物质。地球的内部结构为外地核、内地核、地幔、地壳。	我知道地球有七大洲（欧洲、亚洲、大洋洲、北美洲、南美洲、非洲和南极洲）。
构造板块：地球表面被分裂成大的板块，称为构造板块。	我知道大陆板块由于大陆漂移而发生了变化。
地震：一种地面震动，通常会造成巨大的破坏，是由于地壳内部的运动或火山活动而突然引起的。	我知道地震会导致地面突然晃动，这会对生物产生负面影响。
地震仪：测量和记录地震细节的仪器。 里氏震级：表示地震震级的数字标度。	我知道地震是由地表以下的板块运动引起的。 我知道有些建筑物是专门为抗震而设计的。我知道这些建筑的特点。
火山：一种常见的地貌形态，由地下熔融物质及其携带的固体碎屑（熔岩、岩石碎片、热蒸汽和气体）冲出地表后堆积形成的山体。	我知道一座火山可能是死火山、休眠火山或活火山。
盾状火山、复合火山、锥形火山——这些都是火山的类型。 熔岩：炽热的已经熔化的岩石，从火山喷发出来。 岩浆：在地壳下面炽热黏稠的熔融物质自火山口流溢出来。	我知道有不同类型的火山，比如盾状火山、复合火山或锥形火山。 我知道不同火山类型的特征。
水循环：水在海洋、大气和陆地之间循环的过程。 冷凝：气体或液体遇冷而凝结。 降水：自然界中发生的雨、雪、雨夹雪或冰雹的统称。 蒸发：物质从液态转化为气态的相变过程。	我知道地球上的水量是不变的。水由一个地方移动到另一个地方。我知道水循环的过程。

续表

关键词	关键知识点
生物群落：地球上可以根据生活在那里的植物和动物进行分类的区域，例如苔原、草地、水生群落、沙漠、森林。	我知道地球上有水生群落、沙漠、草原或森林等生物群落。
气候带：根据平均温度和平均降雨量将地球气候划分为一般区域，例如寒带、温带、热带。	我知道地球有不同的气候带，我可以给它们命名。

31. 回顾课程内容

你的教学内容符合国家课程要求吗？回顾你的内容以确保它符合要求。

1. **探究国家课程对该学科的要求。** 阅读关键阶段或年级总体目标和学习计划，有助于集中思考最终目标。
2. **探索你的中期或长期计划。** 参考国家课程指南来决定所教的内容是否符合预期。
3. **思考一个单元或一个主题的学习是否稳步进展。** 日常计划，虽然在某种程度上很重要，但应该以总结经验教训为指导，以便实现长期目标。

为何尝试?

随着时间的推移，由于各种原因，对内容的轻微修改和学习方向的改变，会导致课程内容要求与所教内容之间的差距不断扩大。

重要提示

实事求是：国家课程内容可能非常宽泛，时间有限，因此在覆盖范围上可能存在一些差距。

32. 重建课程

你所在学校的课程需要改头换面吗？在开始之前，请思考以下几点。

1. 你真的需要重新开始吗？如果你打算彻底修改课程内容，你需要有充分的理由这样做。仔细检查你目前的课程，决定有多少内容需要改变，思考为什么需要改变。

2. 思考每个主题的进展和连贯性。一个好的课程应该是跨年级的、渐进式的，并且具有连贯性。主题和概念将随着时间的推移不断重复和建立，学生能够与以前的学习建立联系。花时间规划课程的进展和连贯性。

3. 决定你是要单独教授基础科目，还是将其作为一个整体或主题的一部分教授。

4. 制订每门学科或主题的目标，利用国家课程指导你走向更大的蓝图。

5. 相关方应尽可能多地为教师提供支持。学校必须给予员工丰富的资源和时间，让他们对正在发生的变化进行反思。

为何重要？

课程设置会随着时间的推移而变得脱节，被稀释。如果你想重建学校的课程，肯定有很长的路要走。

重要提示

　　一个人单独建立一门课程可能是低效的。这是一个非常耗时的项目，两个（或更多）负责人会比一个好。

33. 主题教学还是分科教学

　　如果你不确定是进行主题教学还是分科教学，请权衡每种方法的利弊。

主题教学的优点

1. 将不同学科的学习与整体主题联系起来。

2. 能够提供创造性的学习机会。

3. 能够增强动机或对内容的理解。

4. 能够使学生以跨学科的方式使用知识和技能。

主题教学的缺点

1. 是否会造成牵强的、脆弱的联系？

2. 它是否会稀释学习内容或削弱知识结构？

3. 是否会削弱各个学科之间的统一性？

分科教学的优点

1. 可以提高个人在学科知识和技能方面的进步。

2. 确保知识内容的覆盖面更广。

3. 确保所教科目的清晰性。

4. 有助于中学的准备工作,中学的科目是分开教授的。

分科教学的缺点

1. 它是否让人觉得跨学科学习是不可能的?

2. 可能无法产生更强的学习动机。

3. 它是否会错过深化知识和在学习之间建立联系的机会?

为何尝试?

对于基础知识和一些核心科目,主题教学或分科教学都会极大地影响备课方式。你可能需要同时使用这两种方法。

重要提示

不同的学校和教师对他们的课程有不同的偏好和愿景。只要你的方法可以帮助学生获得更深入、更丰富、更相关和更有凝聚力的学习,那么采用主题教学还是分科教学又有什么关系呢。

34. 以最小代价来完善课程

领导,你决定进行大改组了吗?改变课程内容或方法是令人兴奋的,但也有可能增加团队的工作量。遵循以下建议,在不让团队成员感到压力的情况下,使课程焕然一新。

1. **收集相关研究。**也许你是课程方面的专家，但要保持正确的观点，记住其他人可能没有你这样的理解水平或热情。你的任务是为团队提供尽可能多的关于课程的信息和讨论，这样每个人都可以变得知识渊博，并为改变做好准备。

2. **制订一个行动计划。**课程的大变革不可能一蹴而就，所以要制订切实可行的时间表。你可能需要规划出一年甚至更长时间内的关键变化。

3. **保持动力。**在团队会议上经常关注课程。

4. **表扬进步，允许尝试。**你也不想让团队成员因为害怕出错而不敢尝试，所以要避免极端的严格监督，而应该鼓励反思性和开放性的讨论。

5. **给团队专门的时间来梳理新的概念，并制订循序渐进的计划。**

为何重要？

即使有最好的意图，如果你的团队没有参与其中，没有得到正确的支持，计划的实施也可能失败。

重要提示

如果你想让团队成员阅读与课程相关的研究或理论，给他们专门的时间去做。

35. 创建本地课程

你的课程和你所在的社区有关联吗？思考以下提示，确保你能充分利用周围的环境。

1. 你们当地有哪些艺术家、作家、歌手、科学家、历史人物，等等？

2. 你们当地过去发生了什么？

3. 随着时间的推移，你所在的地区发生了怎样的变化？

4. 当地的职业前景如何？

5. 当地是否有慈善机构或项目可以让学生参与？

6. 当地的地标（有历史意义的建筑）或自然特征是什么？

7. 当地有哪些野生动植物生活和生长？

8. 是什么给这个地区带来了游客？

9. 该地区与其他村庄、城镇或城市相比如何？

为何重要？

如果学生无法与当地产生联系，他们又如何能深入理解所在地区呢？

重要提示

每年安排大量的本地参观访问。

36. 教师应该上什么课

每一门学科都有其自身的重要性。过去，在一些学校，非核心学科没有得到应有的重视。在极端情况下，学校完全忽视了一些学科，给学生造成了巨大的机会缺口。现在，课程设置变得更加均衡，以前被忽视的科目正开始重新获得重视。你可以用这些建议来定义每一门学科，使学生了解他们学习的目的。

1. **为学科下定义。**为学生所学的每一门课程创建简单易懂的定义。例如："科学是通过观察、描述和实验研究生命、地球和能量的学科。"

2. **思考学习这门学科的目的和好处。**把它们总结成几句话。例如："我们参加科学活动是为了对生命、能源和我们周围的世界有更深层次的理解。通过科学调查，我们可以回答问题，利用我们的发现来理解或帮助我们改进。"

3. **把学科情境化。**用一两句话，写下运用该学科的职业类型。例如："研究科学的人被称为科学家。很多工作都要用到科学。"

4. **注意与学科相关的词族。**例如："词族：科学、科学家、科学的。"

5. **整理1到4的步骤。**整理你的思考，形成对学科的概述。你可以在学校或团队中共享，以确保表达的一致性。

为何尝试？

存在这样一种风险，尤其是在小学里，学生们并不能真正理解这门学科是什么，以及它的目的是什么。

重要提示

在学生明确了学科定义和使用的情境后，你就可以开始要求学生在课程开始时练习使用。

37. 专业词汇

对于学生来说，使用专业词汇有多重要？不掌握关键词的意思，学生就不可能完全掌握关键概念。以下是一些鼓励在课堂上使用专业词汇的建议。

1. **展示关键词。**在开始阶段，你可以在教室里将所有关键词用大字体清晰地展示出来。

2. **列出专业词汇。**花点时间让学生写出他们所知道的专业词汇。将关键词和词汇误用作为教学要点。

3. **定义词语，将其置入上下文语境。**当你第一次使用新词时，一定要对它们进行定义，明确使用语境。即使学生以前听过这个词，也不要以为他们知道它的意思。学生们通常会去猜测词语的意思，填补他们理解上的空白，这可能会导致误用。

4. **使用"听一说"的方法。**让学生听到你说的单词，然后让他们大声重复。有时，孩子们会听到一个关键词，但从未真正使用过。这种方法有助于提高发音准确度和熟悉度。

5. **重复使用新词。**新词首次出现时，经常使用它们有助于深化其含义。

6. **每节课开始时，先回顾上节课中的一些关键词。**如果你重温它们，它们就不太可能被遗忘。

7. **使用同义词。**当你介绍专业词汇时，尽可能多地使用同义词。这应该有助于学生把他们知道的词语和他们正在学习的词语联系起来。

8. **教授词源。**教授词义和词源有助于学生加深对词族的理解。

为何有效？

理解和使用关键词有助于学生在关键概念之间建立联系。

重要提示

及时纠正发音不正确的字词。如果一个学生读错了一个字，那么你要示范正确读音，并让他们再重复读给你听。

38. 认识学科的重要性

无论你是在小学还是中学工作，都可以带领学生认识不同的学科，以及它们给我们的世界带来了什么。方法如下：

1. 确保学生对学科及其目的有清晰的理解。

2. 向学生讲授该学科的历史和发展。

3. 在工作环境中培养学生对学科的理解。

4. 让学生标记国家和国际节日，如科学周、世界读书日或数字日。

5. 为家长举办一个由学生领导的专题研讨会。

6. 安排学生领导一次活动或向校领导介绍该学科的价值和深度。

7. 将这门课对他们生活有用的所有方面列成一张清单。

8. 制作关于这个学科的视频或小型纪录片，在学校或网站上分享。

为何尝试？

学科确实是课程的核心和关键——学生需要加强认识。

重要提示

创建一个能够展示该学科贡献者的列表（确保包括各色各样的人）。

39. 丰富你的课程

你的课程是单调而无趣的吗？重要的是要记住，教育不仅仅是提供内容，还需要给孩子们提供丰富、有趣的经历。以下是一些确保你的课程变得丰富的建议。

1. **旅行。**参观一些有趣的地方，可以提高学生的知识和理解力。

2. **研讨会。**有一些很棒的研讨会，通常由知识渊博的人运营，他们使用手工制作的艺术品或资源。

3. **特殊访客。**邀请你所教领域的专家或工作人员来观摩你的课堂，可以真正将学习融入生活。

4. **参加某个项目。**让你的班级参与到一个小组项目中，可以让学习者和学习发生联系。

5. **以不同的方式记录。**要求学生用不同的方式展示他们所知道的东西，可以提高他们的学习动机。

6. **联系其他学校。**当地的学校都涵盖了类似的学习内容。为什么不让学生们一起学习（甚至是竞争）呢？

7. **邀请家长或当地相关企业进入学校。**要求你的学生准备演讲，展示给家长或其他特殊访客。

8. **移步室外。**户外学习真是太棒了。

9. **借用音乐的力量。**现在什么都可以变成一首歌！如果没有，让你的学生写一首。

10. **提出挑战。**孩子们喜欢用他们的学习来解决问题和完成挑战。你如何挑战学生运用他们所学的知识和技能?

为何尝试?

丰富你的课程,对学生的健康和结果产生影响是值得的。

重要提示

在学期倒数第二周,计划并规划出你为下一学期准备的丰富学习的机会。

40. 将听说表达纳入课堂

作为国家课程要求的一部分,培养听说能力是有原因的。在许多工作中,自信和清晰的表达是必不可少的,而且能够礼貌地进行交谈或有效地提出问题也很重要。试试下面这些小技巧,来提高你的课堂口语技巧。

1. **提供小组或全班讨论的机会。**虽然写也很重要,但丰富的讨论可以带来更多好处。

2. **让学生模仿自信、清晰、流利的发言。**学生经常能听到学校工作人员讲话,他们会模仿他们的发言。

3. **在同事或其他员工面前提供展示、表演、辩论的机会。**对学生的演讲和内容给予建设性的反馈。

4. **解释有效演讲的真正含义。**简单的讨论可能会让许多学生受益匪浅。

5. **告诉学生,为什么口才对他们的生活如此重要。**

6. **提供并展示讨论的模板,**比如"我同意你所说的,因为……""我想补充一点……""我不太认同……"以及"你是否考虑过……"。

为何重要?

如果学生能够学会自信地表达、出口成章,这将对他们的生活产生深远的影响,促进他们的就业前景,帮助他们更好地表达自己的观点或需求。

重要提示

讨论交谈在整个学校团队中的重要性,分享想法和策略,以更好地发展口语能力。

41. 让辩论与讨论贯彻课程

每个主题都有辩论和讨论的空间。问自己以下问题,思考如何将有效的辩论纳入你的课程。

1. **你会经常提出引人入胜的问题并进行辩论吗?** 质量比数量更重要。留出时间进行深入的辩论,比匆忙进行讨论要好得多。

2. **如何教导孩子们参加充满活力和深思熟虑的辩论?** 辩论确实需要一定的技巧。教导学生何时及如何加入话题,如何表达同意或不同意的观点,以及如何互相评论。

3. **应该在什么时候进行辩论和讨论?** 当学生们已经对这个主题有了足够的知识时,进行辩论和讨论通常是最有效的。

4. **好的辩论应该是什么样的?** 思考一下你对辩论的期望,以及辩论和讨论在不同的年级中会有什么不同。

5. **成年人在辩论中扮演什么角色?** 确保在场的成年人知道如何介入话题、保持沉默或在必要时控制讨论节奏。

为何有效?

辩论和讨论可以帮助孩子为进入职场做好准备,让他们有机会进行反思,保持自信和好奇心。

重要提示

通过一段发人深省的陈述来表达同意与否,或者使用一个开放式问题来引发辩论。

42. 为学生朗读

阅读是良好教育的基石。阅读技能会对学生的自尊和各学科的进步产生深远的影响,因此阅读应该是所有学校的一个重点。以下是如何通过课堂上的朗读让学生取得成功的方法。

1. 安排好一段固定的朗读时间。

2. 养成朗读习惯。

3. 营造读书氛围。不管你是点上蜡烛还是让大家围坐在地板上,都要把它作为课堂上的特殊时刻。

4. 挑选一本合适的书,最好是你和你的学生都会非常喜欢的书。

5. 朗读一系列的文章。不要忽视非虚构类作品和诗歌。

6. 知道什么时候停止。如果你朗读太长时间,孩子们就会注意力不集中。在悬念迭起或发人深省的一段内容之后就停止朗读，这会给学生们留下一些有趣的东西去思考。

7. 注意你的声音。当我们改变声调、音量和语气，能让我们的听众保持专注，并成为有效朗读的榜样。

为何有效？

学生可以从朗读文章中学到很多东西（阅读下一个观点以了解更多信息）。

重要提示

也要为学生提供大声朗读的机会。

43. 关于阅读的研究

乔·韦斯特布鲁克（Jo Westbrook）、朱莉娅·萨瑟兰（Julia Sutherland）、简·奥克希尔（Jane Oakhill）和苏珊·苏利文（Susan Sullivan）开展的一项研究揭示了为学生大声朗读的力量。他们的报告提出了以下结论：

1. 在仅仅12周的时间里，为学生朗读提高了所有学生样本的阅读能力，平均提高了8.5个月的水平。

2. 大声朗读对阅读能力低下的学生产生了更深远的影响，他们的阅读等级在12周内平均提升了16个月的水平。

3. 在每堂课中快速朗读具有挑战性的课文，有助于使"阅读能力差的人"成为"阅读能力好的人"。

为何重要?

老师们很早就意识到为学生大声朗读的好处。这项研究为我们在课堂上看到的现象提供了证据。

重要提示

尽可能多地为学生大声朗读具有挑战性的课文（尤其是那些感到阅读比较困难的学生）。

44. 培养学生的合理预测能力

你的学生能否对一个故事做出合理的预测？预测是培养学生理解课文的一项关键技能，所以试试这个简单的方法，帮助你的学生做出真实、合理的预测。

1.　在课文中适当的地方稍作停顿。

2.　提出4个预测让你的学生去探索，3个合理的，1个不切实际的。

3.　让学生与同伴合作，按照从最不可能到最可能的顺序进行预测。

4.　分享学生的观点，让他们证明自己的答案是正确的。

5.　最后，让学生两人一组，在讨论的启发下，进行更多的预测。

为何尝试?

有些孩子把预测看作是"随机猜测"。根据对事件和人物的知识，引导学生反思，有助于他们做出更有效的预测。

重要提示

将此作为一个日常评估工具，测验学生们对故事的理解程度。

45. 鼓励学生阅读

我们怎样才能激发学生对阅读的热爱呢？作为教育工作者，我们清楚阅读对孩子的价值，以下建议可以帮助你的学生了解阅读带来的诸多好处。

1. 向学生解释，阅读不仅有趣，而且会对学习产生积极的影响。

2. 告诉他们虚构类和非虚构类作品都能拓展知识，这有助于他们在知识之间建立联系。

3. 强调阅读帮助我们学习新单词和短语，我们可以在日常会话或写作中使用。

4. 阅读可以帮助我们探索无法亲身经历的事情，并帮助我们培养同理心。

5. 告诉他们读得越多，他们对复杂单词的理解和拼写就越好。

6. 研究表明，充满乐趣地阅读，可以提高写作能力和其他学科（如数学）的能力。分享这一事实。

为何有效？

孩子们真的想做好。如果我们提前了解了阅读的好处，就会帮助学生将阅读视为对学习的一种投资。

重要提示

列举阅读对他们以后的生活将产生何等益处的每一个理由。比如，当你面试的时候，使用丰富的词汇会帮助你脱颖而出，你更有可能得到这份工作！

46. 提升阅读能力

试试以下这些技巧，创设一个丰富的阅读文化。

1. 反思一下你为学生朗读的频率。你花在朗读上的时间越多，孩子们接触到的书就越多。

2. 把阅读放在首位。制订提高和促进阅读的行动计划。

3. 展示图书。确保你的图书角、图书馆和教室里都有丰富的书籍。在走廊、窗台和书架上摆放书籍，使学生可以随时取阅。

4. 不论是给学生朗读还是让他们自己阅读，确保学生有机会练习理解技能，如检索和推理能力。

5. 提供与学生个人能力和兴趣匹配的书籍。

6. 请尽快介入。当孩子在阅读方面明显落后时，尽可能快地提供更多的阅读帮助。

7. 每周一次，请家长在放学前10分钟到学校和孩子一起阅读。

8. 拍摄一段老师如何阅读文章摘要的视频，视频可以上传至学校网站，让孩子们在家观看。

为何尝试?

老师对阅读的重视程度越高,学生的阅读效果就越好。

重要提示

从读者的角度,谈谈你在家里读的书。让孩子们看到你言行一致。

47. 培养自然拼读的能力

你的学生经常发生常用词汇或专业词汇的拼写错误吗?尝试以下三种简单的方法来提高学生的语音知识。

1. **闪卡教学。** 每天使用闪卡快速地复习。只需要大约两分钟。一开始,你可能需要练习5次,然后每天循序渐进。

2. **发音图表。** 确保学生能经常接触正音图表。

3. **练习拼读。** 当一个学生问你如何拼写一个单词时,一定要参考发音表,让学生练习拼读,这也适用于英语教学。

为何重要?

可以说,太多的孩子缺乏有效拼写的语音技能。如果我们每天快速地重温发音,并且总是使用拼读技能来帮助拼写,我们就可以为学生树立良好的实践榜样。

重要提示

与同事合作,收集更多的方法,帮助学生提升语音知识。

48. 艺术在教育中的重要性

你如何利用艺术来提升并丰富你的课程内容？艺术是有价值的、美妙的学科，但多年来已经被挤出了学校的课程表。现在是时候让艺术回归学校舞台了，这里有一些建议，可以帮助你在教学中融入美术、戏剧和音乐。

我怎样才能把美术带入课堂？

1. **画小幅"素描"**。让学生在便利贴上快速（两分钟）画草图，这能反映出他们对内容的理解程度。

2. **展示和使用与内容相关的艺术品**。例如，如果在科学课中涉及声音，给学生们介绍费边·奥夫纳（Fabian Oefner），他能利用声波创造出美丽的艺术。

3. **画出你的计划**。无论是故事、信息文本还是科学调查，都可以用绘画而不是书面文字来创建计划。

我怎样才能把戏剧带入课堂？

1. **角色扮演**。大多数科目都会涉及重要人物，所以角色扮演可以用来掌握历史人物、作品人物或著名的活动家的知识。学生还可以扮演数字、分子、血细胞、力等。

2. **定格画面**。用定格框表示一个历史性的时刻，这是一种快速而简单的方法，可以深化学生对关键场景的理解。

3. **讲故事和哑剧**。通过故事或哑剧的形式复述关键事件，是让学生创造性地表达理解的好方法。

我怎样才能把音乐带入课堂？

1. 通过唱歌学习。网上有很多与课程内容相关的歌曲。

2. 创作你的原创歌曲。创作包含专业词汇和特定信息的歌曲是一种加深理解的有趣方式。

3. 听音乐。与学习相关的音乐可以激发对内容的深入思考。例如，播放维瓦尔第的《四季》，让学生们参与有关天气的活动。

为何重要？

艺术在培养学生的创造力和自信心方面起着至关重要的作用。记住，艺术本身就有着不可思议的价值，但是将它们融入其他科目更是妙不可言。

重要提示

除了美术、戏剧和音乐，你如何将舞蹈、摄影和手工艺等科目纳入你的教学中？

49. 职业生涯教育

英国中学必须为8至13年级的学生提供独立的职业生涯教育指导。以下是可供学校用于提升职业生涯指导体系的八项指导基准（盖茨比基准[①]）。

1. **为学业制订一个职业生涯教育指导计划。**你们学校对学生的职业规划是什么？你如何与家长、老师、用人单位和学生沟通这个计划？

---

① 原文为Gatsby Benchmarks，是英国对普通学校、学院、继续教育学院和第六级学校的法定要求。——编者注

2. **学习如何获得职业信息。**你们学校如何培养学生对未来所选专业的认识？

3. **满足学生的需求。**你们如何为不同阶段的学生提供职业指导服务，并根据每个学生的需求量身订制指导计划。

4. **将职业生涯与课程学习结合起来。**你们学校课程的各个方面与职业的联系如何？

5. **接触用人单位的雇主和员工。**你们学校的学生有机会向雇主学习有关工作、就业的技能吗？

6. **到工作场所实习。**你们是否能最大限度地为学生提供体验职场生活的机会？

7. **接触继续教育和高等教育。**所有学生都应该了解自己可以获得的全部学习机会，包括走学术和职业路线以及去学校、学院、大学和工作场所的学习。

8. **接受个性化指导。**当学生需要进行重大的学习或职业抉择时，能够得到职业顾问的指导和帮助吗？

为何尝试？

帮助学生为成功的未来做准备，提供高质量的就业指导至关重要。

重要提示

任命学校职业教育负责人，肩负起学校提供指导和教育的责任，确保学校对此方面的规划得到充分的重视。

第 **3** 章

让家长参与教育

父母参与教育这个话题，常常会引发争论。有孩子的地方就有父母，有父母的地方就有纷乱和复杂。高效地与每位家长沟通可能会有困难，特别是当老师每天看到他们的时间如此有限（如果有的话），而忙于工作、管理家庭和养育孩子的父母往往很少有机会积极参与孩子的教育。然而父母参与教育是至关重要的。

我当然可以引用研究和数据来支持这一点（有很多），但我不会，因为我不认为需要研究数据来告诉我们一切。有时候我们心照不宣，父母的参与就是最好的例子。当你深入基层，亲历教育时，你就会知道，父母的参与是多么重要。你每天都能看得见，感受得到。如果父母高度投入，我们通常会看到对孩子的积极影响；如果父母完全不参与，我们会看到负面影响。

为了让孩子们充分发挥他们的潜能，我们需要家长参与进来，重视教育。最困难的是要弄清楚良好的家长参与是什么样子。我们是在说帮助孩子学习乘法表吗？参加圣诞晚会？在慈善活动上帮忙？还是记得今天是孩子的期末考试？给孩子备好早餐，在上学前做好安顿准备？按时接孩子放学？记住，有父母的地方就有纷乱和复杂。

教育标准局首席督察阿曼达·斯皮尔曼在2017—2018年度报告中写道："父母扮演着最重要的角色。家长们不应该期待教育机构来接手家长的工作，而应该承担起自己的职责。"

是的,他们应该这么做,但问题是,如果家长不承担责任,教育工作者别无选择,只能填补这一空白。培养别人的孩子成为这份工作中不可或缺的一部分,无论是提供日常教育、情感支持还是社交礼仪指导。不可否认,教育工作者在儿童生活中很重要,但有时,出于某种原因,我们成了他们生活中最重要的人。

再想想看:你可能是学生生活中最重要的成年人。是的,在某些情况下,责任界限如此模糊,但如果你不帮助满足孩子最基本的需求,又有谁来帮助他们呢?

值得注意的是,让父母参与教育不仅仅是调动那些没有参与的人的积极性。教育捐赠基金会将父母参与教育定义为:

- 培养父母技能的方法和方案,如读写能力或信息技术技能。
- 鼓励父母尝试给孩子提供支持的一般方法,例如阅读或家庭作业。
- 家长对孩子学习活动的参与。
- 为问题家庭提供更密集的方案。

在你的学校里,家长高度参与是什么样子的?是和孩子一起完成家庭作业吗?参加学校活动?认可学校风气?提高养育技能?分享学校的价值观?确保孩子的基本需求得到满足?

有一个好的定义会让你走上实现它的道路,这是建立更好的家校关系的第一步。试试以下这些提示,希望能带给你启发。

在我看来,父母高度参与是……	为了实现目标,我需要做……
1	1

续表

在我看来，父母高度参与是……	为了实现目标，我需要做……
2	2
3	3

事实是，孩子年龄越小，父母在孩子的教育中所起的作用越大。在你4岁的时候，你的父母就介入你生活的方方面面了吗？

作为一名家长，我注意到，儿子升入中学后，我对他的教育掌控力大大降低。各科教师人数的增加和交流机会的减少，对我的参与有显著影响。也许随着孩子们升入中学，他们的自主性会增强。家长必须放松对孩子学校生活的管控，这也包括他们的学习。

大多数家长希望在小学毕业后继续了解孩子的学习情况，但他们根本就不知道该怎么做。中学教师和领导面临的挑战是，如何确保家长尽可能充分地参与子女的教育。这样，家长就有机会支持孩子的学习，并继续重视他们的个人和学术成就。

建立这些关系并不容易，但发展强有力的家校联系是值得的——对孩子及其教育产生的积极影响是不可估量的。根据我的经验（作为一名教育从业者和一名家长），父母的参与在以下情况下是最成功的：

1. 学校定期与家长沟通。
2. 学校欢迎家长走进校园。
3. 学校寻求并重视家长的意见。

4. 家长支持学校的价值观和做法。

　　绝大多数的父母都非常关心他们的孩子，而这往往也包括他们的教育。如果我们记住这一点，就一定会取得成功。

50. 教师参加家校联系的培训

你的学校在与家长交流的方面准备得如何？英国教育部对父母参与的最佳做法开展的调查发现，对教师进行相关方面的培训可以产生积极影响。

1. 掌握家长的相关信息。

2. 如何让父母参与孩子的教育。

3. 如何表达对父母的关心。

4. 如何管理家长的顾虑。

5. 如何化解父母的情绪。

6. 如何与家长保持联系。

为何尝试？

人们通常认为，教师有知识、经验或信心来处理与各种家长的关系，但实际并非如此。为你的团队提供一个与家长合作的工具箱，以确保高效的沟通和良好的关系。

重要提示

与父母的互动大多数都是非常愉快的，但最好确保你的学校有合理的策略，以便应对与父母的谈话。

51. 培养关系要趁早

教育捐赠基金会表示，"与年幼学生的父母互动往往更容易实现"。

下面的建议可以帮助最年轻的家长从一开始就积极参与学校生活。

1. **重视衔接过渡阶段。**孩子们的过渡衔接怎么样？这也能让老师更了解父母和孩子。

2. **让家长走进校园。**找个理由邀请学生家长来学校。

3. **了解他们。**了解父母和他们的孩子，从知道孩子的名字开始。

4. **解决家长的顾虑。**他们可能会有一些担忧。孩子开始新的学校旅程，这对父母来说可能是一个令人不安的时刻。

5. **感谢他们参与孩子的教育，并请他们继续努力。**一点点认可就能起到很大的作用。

6. **向他们寻求帮助。**在学期末，请家长们帮忙。邀请家长在开放日的时间为新父母提供支持和建议。

为何尝试？

与家长尽早建立关系，有助于家庭和学校之间建立长期而富有成效的关系。

重要提示

在第一学年快结束时，请家长们回顾一下你在家长参与方面的工作。这将有助于你思考如何提高下一学年的家长参与度。

52. 教师应被家长看到

我要说的很简单，也很重要：让家长常常看到你！孩子们经常在家里谈论老师，这么做会帮助父母们把你的名字和脸对应起来。你的出现也会带来更多的交谈。这样做既专业又有礼貌，还能表现出你的关心。这里有一些建议，可以确保教师们被父母看到。

1. 在关键时刻出现（上学和放学时）。
2. 学生和家长进入教室时请站在门口。
3. 在门厅里放一个教职员工照片板。这将有助于家长们确定是哪一位老师。
4. 及时更新学校网站，提供教师的正确照片和姓名。

为何有效？

你越显眼，父母就越能看到你。父母看到你的次数越多，就对你越熟悉。对你越熟悉，父母对你的感觉就越好。

重要提示

不要只在背景板中出现——尽可能多地问候父母并和他们交谈。偶尔发电子邮件（甚至视频信息）是确保家长知道孩子的老师是谁的好方法。

53."你见过……吗？"

你是否在寻找一种有趣的方式，以便更好地让家长了解教师？试试"你见过……吗？"的方法。

1. 告诉教师们你想提高家长对教师的认识。
2. 在《校园新闻周刊》上，为"你见过……吗"预留一部分空间。

3. 在这个版块，选一位老师的照片放在上面，旁边写上他的名字。

4. 写一篇关于这个老师的短文，可以包括任何内容，从他的专业知识到他最喜欢的足球队或比萨饼配料。

为何有效？

通过这种方式了解老师，有助于家校之间展开对话，从而培养良好的关系。

重要提示

你可以介绍一系列的教职员工，从教师、助教到其他教职工。

54. 欢迎家长到访学校

你的学校欢迎父母吗？思考以下几点，来分析你的学校对家长的友好程度。

1. **开门。** 保持教室的门开着（在可能的情况下）是一个很好的方式，让家长感到受欢迎并邀请他们进入学习空间。一扇紧闭的门暗示着"你不受欢迎"。

2. **很高兴见到你。** 当父母进入学校大楼时，是否有人在附近迎接他们？如果家长在走廊或学校操场上遇到教职工，他们是否总是展露微笑并打招呼？

3. **清晰的指示牌。** 办公室、教室和大厅是否有明确的指示牌？在一座陌生的大楼里迷失了方向，会令人不安。

4. **开放日。** 你多久邀请家长参观一次学校？许多父母都很想参观他们孩子的学校。

为何尝试？

如果父母感到受欢迎，他们就更有可能全身心投入。

重要提示

让学生用微笑和"早上好/下午好"来问候到访的家长。

55. 消除无形的障碍

在你们学校的操场上有无形的障碍吗？通常，在接孩子的时候，家长会站在"隐形线"的一边，教师站在另一边。以下是打破障碍的方法。

1. **观察。** 当你放学让孩子们解散时，观察一下家长和教师站的位置。
2. **新的解散方式。** 在许可和安全的前提下，你可以到"隐形线"的那一边再解散学生吗？
3. **越过界线，走过去和家长们交谈。**
4. **请家长跨过界线。** 巧妙地邀请父母过来交谈。

为何尝试？

打破这些无形的障碍，便于与父母建立更好的联系。

重要提示

在教师会议上花5分钟时间，讨论学校环境中其他无形的界限。

56."新知识"研讨会

随着时间的推移，教学策略和内容可能会发生变化，这使得父母抚养孩子的方式变得过时。为家长提供"新知识"研讨会，让他们了解最新资讯。

1. **写一封信。**向家长解释学习策略和内容发生了哪些变化，这些变化可能使他们难以有效地支持孩子。

2. **征求家长意见。**他们想参加什么样的研讨会？向家长提供一份问卷，确保家长的回答简单而有重点。

3. **与培训负责人交谈。**要求他们准备一个简短的研讨会（最多20分钟），以解答家长的疑问，并向家长传授最新的方法和内容。

4. **定好日期，广而告之。**试试发短信、写信、贴海报和在校门口张贴提示的方法——尽你所能，让更多的家长参加。

5. **保持非正式和友好的氛围。**家长参加的是研讨会，不是上课！提供茶水和饼干，留出时间讨论和提问。

6. **反思和检讨。**研讨会进展如何？为什么？

为何要做？

对大多数家长来说，他们自己的学校时光已然是一段遥远的记忆。向他们介绍课程中使用的内容和策略，可以帮助他们感受到与学校之间的联系，并能更好地帮助他们的孩子！

重要提示

让孩子们也参与进来。让班干部问候家长，展示他们的学习成果，并提出一些策略。

57. 让父母更好地参与课外阅读

如果我们希望学生真正擅长阅读，就需要时间和家人的支持。你可以尝试以下建议。

1. **邀请家长来学校。**向他们解释如何教授自然拼读和阅读理解。强调阅读的重要性。
2. **创建并分享一份列表，**包括孩子们会在这一学年中学习讨论的故事、书籍和诗歌。
3. **制作一个"居家阅读小贴士"视频或宣传单。**讨论阅读时的语音语调，如何提出有效的问题，以及选用哪本书。
4. **举办一次书展。**书展可以激励学生和家长发现新书，而且学校通常可以从销售中获得经济利益。
5. **为父母创建一个"借阅箱"。**可以在借阅箱里推广诗歌和非虚构类书籍等不太热门的书籍作品。

为何有效？

如果定期讨论和宣传书籍，就会使学生的阅读趋于常态化，并鼓励他们阅读。

重要提示

密切关注谁不居家读书——如何进一步支持这些学生？

58. 沟通是关键

与家长的沟通对于建立牢固的家校联系非常重要。你最常用的沟通方式是什么?

1. **给家长发短信。**在智能手机时代,短信通讯至关重要。
2. **写信件。**许多父母会在冰箱或橱柜门上放一些包含关键信息的信件。注意,信的内容要简单明了。
3. **发电子邮件。**有工作的父母尤其喜欢接收电子邮件,以避免他们的孩子丢失/忘记/否认任何纸质的信件。
4. **用社交媒体。**这是一个很好的方式,来展示你的学校发生了什么。
5. **创建班级博客。**由教师或学生更新,这些可以让家长了解情况,并使其对孩子的学习产生兴趣。
6. **进行面对面交谈。**当信息更私人化的时候(涉及顾虑、私事、学生成绩问题,等等),这一点至关重要。
7. **寄赞美便条。**给家里寄一张"谢谢""做得不错"或"祝贺"的便条既简单又有效。父母们常常非常感激和珍惜这些小小的认可。
8. **设置家委会。**家委会可以帮助弥合家庭和学校之间的距离。

为何重要?

不论是组织还是个人层面,沟通都是理解的大门。

重要提示

询问父母对某种交流方式的看法。也许这种沟通方式比你想象的更好(或者更糟!)。

59. 处理父母的意见

你知道父母的看法吗？你在寻求他们的意见吗？这里有八种方法可以确保你对他们的观点有充分而平衡的理解。

1. 在门厅设置一个意见箱，备好笔和纸条。
2. 在每一次活动中，提供一个意见箱和纸条。
3. 简单地问父母一些问题，是了解更多信息的快捷方式。
4. 成立并管理家长委员会。
5. 设立家长公告栏。
6. 保持学校网站的更新。
7. 在学年的关键时刻进行家长在线调查。
8. 与家长分享教师邮件。

为何有效?

如果你不征求父母的意见，你就不可能得到他们的意见。家长们经常互相讨论他们的意见，但这些意见往往不能反馈到学校。学校可以提供一系列的论坛，这样可以收集更多的反馈，并最终让教师进行反思及改进工作。

重要提示

你会如何处理父母的意见？如果你收集了他们的意见，一定要及时采取行动。

60. 完美的家长会

家长会热闹非凡，变幻莫测，坦率地说，令人筋疲力尽！这些建议将有助于把它转变成一种平静和积极的经历。

1. **想想时间安排。**对于中学或规模较大的小学来说，把所有的会议都挤在一个晚上可能会导致混乱——时间概念模糊，空间变得拥挤。如果你要见的人很多，那就要分成两到三拨。但如果你的学生人数较少，那么将时间分散在一周内可能会造成不必要的拖延。

2. **找到合适的空间。**礼堂可能不是家长会的最佳场所。你可以跳出思维定式（但一定要考虑安全性）。

3. **为教师安排短暂的休息时间。**为休息的教师提供点心和茶水。这可以为他们开始有效的沟通做好准备。

4. **提供空间，设置儿童区域。**许多父母不得不带着年幼的孩子参加家长会。如果你能为他们提供一个放有玩具的小游戏区和停放童车的地方，他们就会松一口气。

5. **让学生关怀团队也加入会议。**父母的关心往往涉及幸福感、行为或特殊的教育需求。学校领导和学生关怀团队也应该到场参与讨论。

6. **保护隐私。**放一些舒缓的背景音乐，以确保谈话不被听到，足够私密。

7. **寻求家长反馈。**会后提供"家长意见"的总结，可以用于计划下一个家长会。

为何重要？

家长会可能是家长唯一一次真正进入教学楼的机会。确保他们有一个积极的体验。帮助教师更好地实现这一目标。

重要提示

向家长清楚地说明晚上的安排（例如，活动在教室进行，等待时间长达10分钟，厕所在这里……）。

61. 解决家长的顾虑

即使你尽了最大的努力，你也不会做的每件事都得到父母的肯定。有时每个人的期望值可能会不同，有时我们可能会犯错误。当一场具有挑战性的对话必须进行时，准备好开诚布公地交谈，并给家长提供机会表达他们的观点，这是让家校关系回到正轨的关键。但首先你需要消除他们的顾虑，来决定如何解决问题。

1. **抱怨的家长。**让他们给你提供尽可能多的信息。记下他们的抱怨，表示同理心，解释你会研究这个问题，并答应在当天结束前给他们反馈。

2. **困惑的家长。**问问题，看看他们在什么方面需要帮助。如果可以，给他们提供所需要的信息。如果没有，告诉他们你会发现更多信息，并会尽快让他们知道。

3. **生气的家长。**保持冷静，倾听、澄清和提问。表现出同理心和对他们的关切。记住：如果父母的暴怒让你觉得不舒服，告诉他们，你现在不能和他们说话，因为他们没有表现出尊重。摆脱这种局面，向高层领导求助，他们会为你解决问题。

4. **焦虑的家长。**告诉他们，你可以看出他们很担心，然后通过问问题的方式来消除他们的担忧。向他们保证，你理解他们，学校也会尽最大可能支持他们。

为何有效？

有效的回应可以扭转糟糕的家校关系。

重要提示

如果一位家长想要立即开展一场冗长的谈话，向其说明，你想给这个问题足够的时间，所以你需要和他在放学后再见面。

62. 如何传达棘手信息

当你在家长会或书面报告中传达棘手信息时，你是否在措辞上有困难？公开交谈而不冒犯他人是很困难的，所以请记住以下提示。

1. **关键是要记住，这是别人的孩子。**无论发生了什么（或没发生什么），父母与孩子的关系比与你的更密切。所以你对学生的态度很重要。

2. **这对父母来说，应该不会是太大的意外。**如果这是一个持续的问题，家长应该早在家长会举行或书面报告发出之前就知道了。

3. **从积极的方面着手，给自己一个良好的开端。**总会有一些好的地方可以汇报（诚实地说）。

4. **告诉父母你的担忧，同时也告诉他们你的方案。**例如，如果你想解释清楚乔伊很难听从指示，接着你就要解释你是如何帮助他的，父母很可能会感激你的努力，理解你的难处，并与你一起并肩战斗。

5. **要诚实，但不要残忍。** 你要让家长完全了解孩子的学习障碍是什么，你为此做了什么，以及他们如何做能够提供支持。

6. **关注进步，而不是成就。** 许多父母都会拿自己的孩子和同龄人比较。对于成绩不佳的学生，这样的做法会让家长感到震惊和不安，所以不要在学生之间进行比较。

7. **出勤问题或在家学习经常给老师造成困难。** 请直接与父母沟通。

为何有效？

父母在离开的时候会理解这些问题，也会对他们的孩子得到支持和理解充满信心。

重要提示

向同事请教如何措辞；三个臭皮匠，胜过一个诸葛亮！

当孩子有明显的健康问题时，避免讨论出勤问题。别再用低于平均出勤率的内疚，烦扰为孩子身体状况不佳而担忧的父母。

63. 与家长坦诚交谈

和父母谈论孩子的行为可能很难。防御性、责备和否认会迅速升级，造成家庭和学校之间的巨大裂痕。这个策略可以帮助你解决与父母的对话困难。

1. **时间。** 仔细思考与父母接触的最佳时机。如果他们现在不方便，在你结束谈话之前另外商定一个时间。

2. **接近父母。**一开始接近父母的方式会对谈话的展开产生很大的影响。想象一下你走向父母的场景，你接近他们时的眼神交流以及你的问候。随意而又正式。跟他们说明你想和他们聊聊孩子的事。

3. **空间。**避免在办公室或教室以外的地方谈话。选择正式的地点。感谢家长的到来。

4. **交谈。**解释学校面临的问题，但只谈论行为，而不上升至孩子（"有一次乔伊对……说话很粗鲁"而不是"乔伊很粗鲁"）。告诉家长你已经准备好解决这个问题了。描述你想看到的结果。询问他们还能帮上什么忙，有什么好的建议。

5. **倾听。**给家长机会分享他们的想法，记录下他们的担忧。

6. **结束。**结束谈话时，要感谢家长的支持，并向他们保证，通过共同努力，孩子取得进步是可能的。

为何有效？

开展一次推心置腹的谈话，有助于达到你想要的结果。

重要提示

在接下来的一周内，与家长保持联系。无论结果如何，保持沟通渠道的开放有助于情况的改善。

64. 为离异父母提供支持

离异父母经常会在学校里感到紧张，要确保他们感受到平等的支持和理解，因为这样做可以构建牢固的家校关系。这里有八个建议。

1. 确保所有家长的联系方式都是最新的。

2. 确定联系顺序或育儿协议的内容。

3. 了解接送流程。

4. 核查一下谁拥有孩子的抚养权，是否有任何居留令（规定孩子住在哪里）。

5. 每样东西都一式两份（信件、活动邀请函、礼物、表扬卡、年终报告）。这可能需要花费更多的时间，但这些付出是值得的，可以减少孩子的困惑和顾虑。

6. 平等、公正地与父母沟通。避免谈论另一方——你可不想卷入父母之间的问题。

7. 结识继父母。作为一个继父母，在学校的时候会很孤立，所以要努力让每个人感到受重视和受欢迎。

8. 如有必要，提供单独的家长会面时间。

为何重要？

无论是家长会、年终总结、入学报到还是庆祝活动，学校都可能成为离异父母需要见面的最尴尬的地方。确保所有家长都能感受到学校平等的支持和与学校的联系，这一点至关重要。

重要提示

对于不常与学校联系的父母，如有必要，推荐他们联系学生关怀团队，为其提供帮助和支持。

65. 向家长公开致谢

家长的支持对学校来说很宝贵。从筹集资金到组织活动，或者仅仅是为了更好地支持学生，他们的努力不应该被忽视。

用以下方法给予他们应得的认可。

1. 写感谢信、卡片或电子邮件给他们。
2. 在班会中提及。（他们的孩子一定会让他们知道的！）
3. 在社交媒体上致谢。
4. 邀请家长来学校喝下午茶。
5. 给他们一束漂亮的花。
6. 口头感谢。
7. 在《校园新闻周刊》中特别提及。
8. 在家长布告栏上贴一张便条。

为何有效？

一句简单的感谢就能让人感到真正的认可，甚至能激励其他人站出来帮忙！

重要提示

在致谢之前，先思考一下这些家长的喜好——他们是更喜欢公开的赞扬还是喜欢低调的感谢？

66. 引导家长参与

在你的学校中，谁在引导父母参与？对于如此重要的事情，由团队成员进行有效管理是有意义的。家长参与方面的负责人的角色和责任包括：

1. 确保所有教职员工都了解家长参与对学生学习的积极影响。

2. 创建一个让家长参与的学校工具包。

3. 为教师提供管理和支持家长方面的培训。

4. 绘制不同年级组/部门的家长参与情况表。

5. 与家长沟通他们的参与，并传达明确的信息，告知他们的参与对孩子的教育有诸多益处。

6. 管理和领导家长委员会。

7. 寻求、查看和回应家长的意见。

为何尝试？

如果你的学校真的想要提高家长的参与度，那么指派一个人或团体来领导这些行动将会带来积极的变化。

重要提示

所有家长参与的行动都应该有一个明确而一致的目标：提高孩子的学习能力。

第 **4** 章

平等、公平和包容

平等、公平和包容是一个复杂的话题，尤其是在一本简明教师用书中。我认为值得一提的是，简化这种重要问题既不可能也不妥当。但是，如果不能引起人们对这些重要话题的任何思考和关注，就等于忽略了有关我们职责的重要方面的对话。本章旨在提供一些教师持续专业发展方面的思想，以激发兴趣、想法或行动。

要在这些领域真正推行教师持续专业发展，我们必须致力于不断阅读、反思和改进的实践。在教学过程中，牢记这些基本内容需要我们的毅力和决心。根深蒂固的社会观念意味着，我们自己往往是戴着有色眼镜接受教育的。你在学校学过反种族主义吗？你的课程中是否呈现出不同种族、性别、体能或具有特殊教育需要的人？我猜，大多数英国人发现自己沉浸在以富有的白人为中心的课程中。现在我们发现，教师自己就是始作俑者，我们必须深刻反思，以平衡授课的内容。

尽管社会在理解、接纳、认可不同的人方面取得了很大进步，但仍有很长的路要走。与性别、种族、文化、残疾和社会经济地位（仅举几例）有关的不平等现象持续存在。当我们思考多样性给世界带来的好处时，有这么多挥之不去的"污点"真是一个"奇迹"。

当你在教育环境中听到平等、公平和包容这些词时，你会想到什么？你的回答可能会受到你的个人经历、所在学校和你所教学生的影响。

当听到平等、公平和包容这些词时，我的脑海里立刻充斥着对我所在地区缺乏文化和种族多样性的担忧。2011年的人口普查结果显示，肯特郡93.7%的居民是白人。有没有可能，由于该地区的多样性如此有限，一些年轻人仅仅因为不了解，就有可能产生无意的偏见或歧视性观点？作为一个混血儿童（我爸爸是英国人，妈妈是伊朗人），在童年时期，我发现自己经常面临公开或隐蔽的种族主义。谩骂和刻板印象在当时并不罕见，回首过去，我想知道，作为小学里少数几个混血学生之一，我所经历的歧视是否与此有关。

这并不是说缺乏多样性总是导致歧视，或者多样性一定能带来公平。但是，确保学校里的孩子们熟悉并了解各种文化和种族，似乎是拓宽他们视野的重要一步。

"平等""公平"和"包容"这三个词也让我开始思考，我是否愿意在所教的学生中间发现并消除性别歧视和偏见。在我看来，社会上许多对男孩、女孩过时的刻板印象不仅危险，而且令人尴尬。今天，我们有能力开始理解并修正造成如此多社会、情感和心理健康问题的方法。如果你对这方面感兴趣，可以翻阅霍莉·安德顿（Hollie Anderton）和本书合著者罗斯·莫里森·麦吉尔合著的《理发师还是足球运动员？弥合学校中的性别差距》(*Hairdresser or Footballer? Bridging the Gender Gap in Schools*) 一书，它剖析了教师在消除性别刻板印象中的作用，为学校克服性别差异提供了一系列研究和策略方面的见解。另外两位两性平等大使是作家兼教育家马特·平克特（Matt Pinkett）和马克·罗伯茨（Mark Roberts），他们在《男孩不难教：男孩学业、态度、行为问题的新解决方案》[1]一书中深入探讨了对男孩心理健康日益增长的担忧。如果你想进

---

[1] 中文版于2021年11月由中国青年出版社出版。

一步了解性别和性别认同，那么活动家娜塔莎·德文（Natasha Devon）的经典作品也值得一探。

当我想到"包容"这个词时，我首先想到的是，教育工作者如何确保自闭症儿童的需求得到有效满足，并得到同等的关注。孩子们并不是彼此的复制品，他们都是不同的，尽管有些孩子确实在某些方面与众不同。这些孩子会发现他们周围的世界令人困惑、难以接近和无法抗拒。作为教育工作者，重要的是，我们要持续不断地思考，如何有效地接纳那些认为沟通、社交或学习比同龄人更具挑战性的孩子。这些孩子可能会依赖学校的体制和成年人来寻找安全感。再次重申，我对这个话题特别感兴趣，是因为我的亲身经历——我亲眼看到了有效教学和无效教学对学习和幸福感的影响。

你的经历如何影响你对平等、公平和包容的理解？你想在哪个领域更进一步？我希望本章中的观点能让你有时间反思和规划，指引你在学校实现积极的改变。问你自己和同事一个简单的问题：我们是相信某些学生会成功，还是相信所有学生都会成功？如果是后者（完全可能！），那么我们就有很多工作要做。

67. 举办多样化集会活动

你的课程和我们的世界一样具有文化多样性吗？可能不会。使课程和日常学校生活多样化是让学生熟悉不同文化的好方法。许多学校每天都会举行集会活动，这是宣传文化和种族多样性的理想机会。试试下面的建议。

1. 研究日历。找出与文化多样性有关的重要国家和国际日，以及世界宗教的重要日期。设计活动日历一览表。

2. 分享不同文化和种族的历史和成就。

3. 向学生们介绍为民权而战的人（例如，马丁·路德·金、纳尔逊·曼德拉、罗莎·帕克斯、鲁比·布里奇斯、玛丽·希科尔、甘地、黛安·阿伯特、奥普拉·温弗瑞）。

4. 无论集会或者活动内容的主题如何，在你的演讲中都要包含一系列的跨文化元素。

5. 教授学生生活在多元文化社会有诸多好处的理念。

6. 邀请不同的访客到学校，来主持有关种族和文化的集会。

为何尝试？

学校在传播积极和平等信息方面处于强有力的地位。

重要提示

教会学生如何正确使用这些术语（如文化、种族、民族、宗教）。

68. 创建文化丰富的课程

营造多样性的校风不仅仅依赖于主题日或专门活动，那么如何将文化和种族多样性融入课程呢？

1. 在英语课堂上，使用能代表多样性文化和不同种族的教学文本。
2. 利用地理知识了解其他文化。例如，当学习不同的地域时，将重点放在了解当地居民上。
3. 在历史课上探索不同的时期，有助于思考文化多样性及其如何随着时间的推移而改变，以及不同种族的人的行为发生了怎样的变化。
4. 以体育和运动为载体，了解不同的文化体育传统和体育名人。
5. 利用宗教知识培养学生对其他文化和种族的认识。
6. 透过所有科目，探索过去和现在的关键人物。例如，当学习科学中的细胞时，讨论以研究细胞结构闻名的欧内斯特·埃弗雷特·贾斯特（Ernest Everett Just）；当学习第二次世界大战时，讨论第一个防毒面具的发明家加勒特·摩根（Garrett Morgan）；当学习太空时，讨论第一个到访太空的黑人妇女梅·杰米森（Mae Jemison）。

为何重要？

如果你想让学生深入了解，社会是如何由来自不同文化和种族的人建立起来的，那么你就需要让他们了解事实。

重要提示

把这些建议与其他方面的多样性联系起来，比如性别、残疾和年龄。

69. 宣传多样性的五种方式

在一篇文章中，学者谢莉·麦基翁·琼斯（Shelley McKeown Jones）、阿曼达·威廉姆斯（Amanda Williams）和珍妮特·奥查德（Janet Orchard）提出了在课堂上宣传多样性的五种简单方法。以下是对他们观点的概述。

1. **互动。**邀请不同文化背景的访客，让学生与不同的人进行有意义的互动。
2. **了解差异。**通过历史和宗教教育等课程提高学生的宗教和文化素养。
3. **挑战成见。**用有别于传统的例子进行授课。
4. **培养同理心。**鼓励学生对不同的人产生同理心，想象他们的生活是什么样子的，并站在他们的立场上思考。
5. **庆祝多样性。**找到求同存异的方法，比如参加各种各样的节日，品尝各种各样的食物，参与关于多样性的重要性和价值的充分讨论。

为何尝试？

我们的学生需要看到我们积极对待多样性，接纳差异。

重要提示

尽管设立多样性活动日或多样性活动周是很好的，但记住，接受多样性应该贯穿于学校的一切事宜。

70. 学校里的反种族主义

教育工作者必须以反对种族主义为己任，坚定地提倡一切反种族主义的行为。我们世界的成功未来将取决于此。遵循以下提示，打造一所反种族主义的学校，支持黑人和有少数族裔背景的学生，帮助他们茁壮成长。

1. **提高认识和建立理解是确保年轻人尊重他人的第一步。** 让你的学生了解偏见、歧视、种族主义和反黑人种族主义之间的区别。使用以下定义作为指导：

   *偏见*是基于个人与某个群体的联系或由于其特点而对个人的不合理或不公平的意见。

   *歧视*是基于个人或群体与某一群体的联系或由于其特点而对其不公正的对待。

   *种族主义*是出于一个种族优于另一个种族的信念而对另一个种族（或其他种族）产生的仇恨或不容忍。

   *反黑人种族主义*是指直接排斥和歧视黑人的系统性种族主义。

2. **坚决反对种族主义行为。** 遵循学校的政策，解决所有公开或隐蔽的种族主义问题。这种做法可以向所有学生传递一个强烈的信息。

3. **支持非洲裔、亚裔及其他少数族裔。** 鼓励和赞赏他们的卓越表现。检查面试团队的人力资源政策和多样性。

为何重要？

如果我们要创造一个重视和改善非洲裔、亚裔及其他少数族裔生活的未来，我们必须承诺积极和严格地解决种族主义问题。

重要提示

及时准确地向上级领导报告所有种族歧视事件。

71. 从书中寻找榜样

你们学校图书馆里的书籍和课本有没有反映不同的文化或种族？以下是一些阅读材料的建议。

1. 马洛里·布莱克曼（Malorie Blackman）的《格子游戏》（*Noughts and Crosses series*）。

2. 莫里斯·格莱兹曼（Morris Gleitzman）的《落水男孩》（*Boy Overboard*）。

3. 莎拉·加兰（Sarah Garland）的《进退两难的阿兹》（*Azzi In Between*）。

4. 陈志勇（Shaun Tan）的《抵岸》（*The Arrival*）。

5. 凯蒂·吉尔雷（Candy Gourlay）的《难以置信的故事》（*Tall Story*）。

6. 莎娜·杰克逊（Sharna Jackson）的《高楼之谜》（*High-Rise Mystery*）。

7. 莎拉·克罗桑（Sarah Crossan）的《水的重量》（*The Weight of Water*）。

8. 玛丽·霍夫曼（Mary Hoffman）的《奇异恩典》（*Amazing Grace*）。

9. 詹妮·布朗-伍德（JaNay Brown-Wood）的《伊玛尼的月亮》（*Ima-*

ni's Moon）。

10. 珍妮尔·布鲁（Jeannelle Brew）的《我的小冒险》（*My Young Adventures*）。

11. 纳伊玛·B. 罗伯特（Na'ima B. Robert）的《斋月》（*Ramadan Moon*）。

12. 安吉·托马斯（Angie Thomas）的《你给的恨》（*The Hate U Give*）。

13. 艾琳·布朗（Eileen Browne）的《汉达的惊喜》（*Handa's Surprise*）。

14. 约翰·斯特普托（John Steptoe）的《穆法罗的美丽女儿》（*Mufaro's Beautiful Daughters*）。

15. 贾巴里·阿西姆（Jabari Asim）的《对鸡群演讲：小约翰·刘易斯的故事》（*Preaching to the Chickens: the Story of Young John Lewis*）。

16. 杰米拉·汤普金斯－毕格罗（Jamilah Thompkins-Bigelow）的《妈咪的希玛》（*Mommy's Khimar*）。

17. 泰伊·迪格斯（Taye Diggs）的《把我搞混了！》（*Mixed Me!*）。

18. 弗洛伊德·库珀（Floyd Cooper）的《麦克斯和月亮》（*Max and the Tag-Along Moon*）。

19. 贾米拉·加文（Jamila Gavin）的《苏里亚之轮》（*The Wheel of Surya*）。

20. 克里斯蒂·登普西（Kristy Dempsey）的《星光之舞》（*A Dance Like Starlight*）。

21. 扎尼布·米安（Zanib Mian）的奥马尔星球系列（*Planet Omar series*）。

22. 辛西娅·莱文森（Cynthia Levinson）的《最小的游行者》（*The Youngest Marcher*）。

23. 克里斯托弗·保罗·柯蒂斯（Christopher Paul Curtis）的《强大的马龙小姐》（*The Mighty Miss Malone*）。

24. 西塔·布拉马查里（Sita Brahmachari）的《红叶》（*Red Leaves*）。

25. 霍莉·罗宾逊·皮特（Holly Robinson Peete）和瑞安·伊丽莎白·皮特（Ryan Elizabeth Peete）的《我的兄弟查理》（*My Brother Charlie*）。

为何尝试？

环顾四周，我们会发现，并非所有的"文化和种族"都能公平地出现在我们的图书角和图书馆里。想想这些给我们的学生传达的信息。

重要提示

想办法筹集资金，购买带有多元文化主题或人物的书籍。

72. 帮助男孩脱离刻板印象

自杀是英国45岁以下男性的最大死因。大量男性承受着极端的压力，去迎合一系列"男子气概"的不健康的刻板印象，这会影响他们的心理健康。那么，怎样才能让男生摆脱课堂上的性别刻板印象呢？

1. 向全班强调什么是积极的男性榜样。讨论为什么这些人是好榜样。

2. 塑造和鼓励开放的情感表达。告诉男孩，表达感觉和情感是可以的。

3. 尊重勇于挑战刻板印象的男生。

4. 鼓励有关性别刻板印象的讨论。

5. 教孩子们如何寻求帮助。解释何时、如何向谁求助可以起到作用。

6. 设立一个专门的空间，让年轻人在需要的时候可以舒服自在地进行私密交谈。

7. 留心日益增加的苦恼、情绪低落或沮丧的迹象。种种迹象可能是男孩正在遭受痛苦的表现，可能有发展成心理或情绪健康问题的风险。

为何重要？

许多年轻男性在成长过程中相信，男子气概意味着在情感、身体和经济上不屈不挠。当不可避免的事情发生时，这些不切实际的期望会让男孩和男人处于自认无能的危险之中。

重要提示

注意你在男孩面前使用的词汇和语言。不要使用"像个男人一样站起来""我需要一些强壮的男孩来搬椅子""要勇敢"和"不愧是男孩"等语言。

73. 男孩参与学习的三个误区

在《男孩不难教：男孩学业、态度、行为问题的新解决方案》一书中，马特·平克特和马克·罗伯茨提到了男孩参与学习方面的三个误区。

1. 男孩喜欢竞争。

2. 要让学习与男孩的兴趣关联。

3. 男孩拥有和女孩不同的学习方式。

为何重要?

我们需要确保所提供的教育不会为有害的刻板印象背书,所以当你做计划和授课时,请避免陷入这些误区。

重要提示

读读这本很棒的书吧。在你挑战他人不健康的性别刻板印象时,请勇敢而礼貌。

74. 教学生尊重女性的社会价值

面对根深蒂固的性别刻板印象,教师们常常会感到无助,但通过微小而有力的改变,我们可以有所作为。我们如何在学校提高对两性平等的认识?遵循以下步骤,挑战课堂上的刻板印象。

1. 分享一些关于性别偏见以及对女性影响的统计数据。

2. 在你的班上介绍一些励志女性——有很多例子可供选择!

3. 讨论这些女性是如何对世界产生巨大影响的。

4. 提出这样一个问题:"哪个女性改变了你的世界?"她可能是家人、朋友、老师或其他任何人。让学生思考这个问题,两人一组讨论和分享。

5. 要求学生们制作一张感谢卡片,感谢那位曾激励、帮助过他们的女士。在卡片里面,他们可以写一条信息,告诉那位女士她为什么这么棒。

为何重要？

事实和数据不言自明。现在是废除性别不平等的时候了。最好的方法就是帮助我们的学生向他们生命中的女性致敬。

重要提示

向学生们解释，宣传励志女性有助于我们解决性别不平等问题。

75. 了解有关性别的术语

正确地理解这些有关性别的术语非常重要。

1. 性：科学和/或法律上对一个人的性别分类，如男性、女性。

2. 性别：一种文化中某些群体之间的社会划分，包括这些不同群体中的人应遵守的社会规范，以及一个人与此相关的自我意识。

3. 性别认同：一个人对自己性别的内在感觉和观念。

4. 性取向：一个人关于不同性别的性倾向。

5. 双性恋者：对不止一种性别的人有浪漫企图或性吸引力的人。

6. 男同性恋：在恋爱、情感或性方面被同性吸引的男人。

7. 女同性恋：在情感、性或身体上被其他女性吸引的女人。

8. 变性人/跨性别者：性别与出生时被赋予的性别不同的人。

9. 酷儿：一个描述性少数群体的涵盖性术语。

10. 顺性别者：指性别认同与自身生理性别一致的人。

为何重要？

理解关键术语是避免刻板印象和接纳他人的重要组成部分。

重要提示

关于性别和性取向还有很多其他的术语和定义。如果你不知道一个术语的确切意思，花点时间查一下。

76. 打破刻板印象的阅读

在你们每学年的课本文章中，谁是主角？如果你担心课文中有太多的人物都符合刻板印象，这里有一些书可以打破这种模式。

1. 汤姆·利希滕霍尔德（Tom Lichtenheld）的《克劳迪特》（*Cloudette*）。

2. 马洛里·布莱克曼（Malorie Blackman）的《男孩不哭》（*Boys Don't Cry*）。

3. 罗伯特·蒙施（Robert Munsch）的《纸袋公主》（*The Paper Bag Princess*）。

4. 金伯利·布鲁贝克·布拉德利（Kimberly Brubaker Bradley）的《巴拉里诺·奈特》（*Ballarino Nate*）。

5. 谢丽尔·基洛戴维斯（Cheryl Kilodavis）的《我的公主男孩》（*My Princess Boy*）。

6. 杰妮·桑德斯（Jayneen Sanders）的《珀尔·费尔韦瑟海盗船长》（*Pearl Fairweather Pirate Captain*）。

7. 梅·福克斯（Mem Fox）的《硬汉鲍里斯》（*Tough Boris*）。

8. 巴贝特·科尔（Babette Cole）的《灰烬王子》（*Prince Cinders*）。

9. 安德里亚·贝蒂（Andrea Beaty）的《工程师罗茜·里维尔》（*Rosie Revere, Engineer*）。

10. 莫莉·诺克斯·奥斯特塔格（Molly Knox Ostertag）的《巫师男孩》（*The Witch Boy*）。

11. 亚斯明·伊斯梅尔（Yasmeen Ismail）的《我是个女孩!》（*I'm a Girl!*）。

12. 唐·布朗（Don Brown）的《古怪的男孩：年轻的爱因斯坦》（*Odd Boy Out: Young Albert Einstein*）。

13. 希林·严·布里奇斯（Shirin Yim Bridges）的《露比的愿望》（*Ruby's Wish*）。

14. 亚历克斯·吉诺（Alex Gino）的《乔治》（*George*）。

15. 莉兹·普林斯（Liz Prince）的《假小子》（*Tomboy*）。

16. 夏洛特·佐洛托（Charlotte Zolotow）的《威廉的玩偶》（*William's Doll*）。

17. 莎娜·科里（Shana Corey）的《你忘了穿裙子，阿米莉亚·布鲁默》（*You Forgot Your Skirt, Amelia Bloomer*）。

18. 马库斯·埃沃特（Marcus Ewert）的《10000件连衣裙》（*10,000 Dresses*）。

19. 劳伦·奇尔德（Lauren Child）的《鲁比：看着我的眼睛》（*Ruby Redfort: Look Into My Eyes*）。

20. 雷切尔·伊诺托夫斯基（Rachel Ignotofsky）的《无所畏惧：影响世界历史的50位女科学家》（*Women in Science: 50 Fearless Pioneers Who Changed the World*）。

21. 菲利普·普尔曼（Philip Pullman）的《北极光》（*Northern Lights*）。

22. 伊娃·伊博森（Eva Ibbotson）的《江海之旅》（*Journey to the River Sea*）。

为何尝试？

如果我们只向学生呈现刻板的性别形象，我们就会限制他们的理解。学生们有陷入社会为他们创造的观念的危险。恶棍都是男人；只有女孩需要被拯救；英雄全是男人；"女"司机（开车技术不佳）。——这些都太荒谬了。

重要提示

一群父母为宣传性别平等和消除刻板印象而努力，发起了"让玩具就是玩具"和"让书只是书"运动，号召儿童读物的出版商们停止给书籍贴上性别标签的做法。

77. 帮助女孩远离月经羞耻

在英国，每7个女孩中就有一个买不起卫生用品，49%的女孩会因为月经而缺课一整天。月经历来是一个禁忌话题，但这可能会让女孩对她们的月经感到害怕、困惑或尴尬。这里有三种方法来解决这个禁忌，帮助女孩们从容面对。

1. **开展人际关系和性教育的活动。**对学生进行关于人体、青春期和经期的生理卫生教育，可以使女孩和男孩正确对待月经话题。

2. **在女厕所提供一个补给箱。**装上卫生用品、备用内衣和"最后一份"

卡——谁用完最后一份卫生用品，就可以把卡递给办公室工作人员，他们会安排补充。

3. **张贴海报。**厕所里的宣传海报可以让月经看起来没那么神秘，让女孩们放松。

为何重要？

我们越能正常面对例假这个话题，就越能减少羞耻感。

重要提示

定期在中小学传授生理卫生知识。

78. 避免两性同工不同酬和晋升差距

校领导们，你的团队是否性别平衡？问问自己这些问题，思考一下你是否在薪酬和晋升问题上存在性别歧视。

1. 你的团队中男女比例如何？
2. 同等职位的男女薪酬是否不同？
3. 女性通常承担什么职位？男性通常承担什么职位？
4. 学生们有不同的性别榜样吗？
5. 最近加入学校的5名员工分别都是什么性别？
6. 在晋升机会方面是否体现了性别平等？

为何尝试?

虽然学校不会刻意在团队中造成性别不平等,但如果不加以考虑,这种不平衡很容易发生。

重要提示

每逢每年招聘季,就问一次自己以上这些问题。

79. 重视社会流动性问题

社会流动委员会(Social Mobility Commission)发布的《2020年社会流动晴雨表报告》(*The 2020 Social Mobility Barometer Report*)揭示了英国公众对社会流动性的态度。以下是一些关键的事实和数据。

1. 44%的人认为,一个人的社会地位很大程度上取决于他的父母。
2. 35%的人表示,无论背景如何,每个人都有公平的机会获得成功。
3. 77%的人表示,如今英国社会各阶层之间存在着巨大的差距。
4. 77%的人表示,穷人进入顶尖大学的可能性较小。
5. 65%的人认为,穷人得到好工作的机会较少。

社会流动委员会的《2017年国情报告》(*The 2017 State of the Nation Report*)提出了以下结论:

1. 如今的英国存在着一种明显的社会流动性,你成功的机会与你居住的地方有关。社会流动性强的地区的弱势年轻人的年收入是社会流动性低的地区的弱势年轻人的两倍。

2. 普通中学毕业一年后，处于弱势地位的年轻人成为啃老族（不接受教育、就业或培训）的可能性几乎是来自富裕家庭的同龄人的两倍。

3. 沿海地区的居民在社会流动性方面表现极不明显。

为何重要？

对社会流动性问题的认识，有助于开启关于学校如何支持社会流动的对话。

重要提示

思考一下，你会如何挑战针对贫困地区人们的负面或评判性观点。

80. 充分利用学生津贴

你的学校如何使用学生津贴？这对来自弱势家庭的学生有什么影响？遵循以下用途建议，确保学生津贴对那些最需要它的人产生积极影响。

1. **用于干预措施。** 利用资金为学生提供额外的学习机会，这是缩小成绩差距和促进进步的一种方式。

2. **用于教师培训。** 基于目前的研究成果，为所有教职员工提供最新的培训，可以确保学生获得最佳的学习体验。

3. **用于改善出勤。** 用津贴来提高学生的出勤率会产生很大的影响，因为如果一个孩子不上学，其他的支出就会是多余的。

4. **用于心理治疗。** 如果你的学生能从心理或情感支持中受益，投资于心理治疗可能是一个非常好的想法。

5. **用于语言支持。**如果你的学生有语言或交流方面的困难，这对他们的学习来说是一个潜在的巨大障碍。

6. **用于一对一辅导。**如果一个孩子需要强化支持，可以考虑增加一对一的辅导。

7. **用于培养或加强学生关怀队伍建设。**如果你的学生遇到行为或情绪问题，建立一个强大而有效的团队来提供支持和培养稳定的关系可能会有所帮助。

8. **用于家长培训活动。**支持父母在家帮助孩子，可以促进学生的进步。

9. **用于满足家长的需求。**问问父母，他们认为怎么做可以帮助孩子？

为何重要？

学校有责任把资金花在那些经济困难的学生身上，使他们的进步最大化。

重要提示

为了使开支真正有效，学校应该首先审查自身情况和首要任务。

81. 帮学生制订10年抱负计划

有关社会剥夺（social deprivation）和抱负的研究得出结论，抱负和成就之间存在联系。与富裕家庭的孩子相比，贫穷家庭的孩子对自己能力的信心要低得多；研究还发现，母亲的愿望也有所不同，81%来自最富裕家庭的母亲希望自己9岁的孩子以后可以考上大学，而在最贫穷的母亲中，这一比例仅为37%。对于那些可能受到低抱负影响的成绩较差的学生，以下方法可以激励他们。

1. 和学生谈谈心。

2. 讨论抱负意味着什么，以及为什么它能帮助我们每天保持专注。

3. 问问孩子他们是否有什么愿望。

4. 谈谈他们不希望自己的生活是什么样的。

5. 谈谈孩子对未来的期望。

6. 让他们想象一下10年后他们想去的地方，可能在做的事情。

7. 问问他们将如何实现自己的10年目标："从明天开始，为了实现这个目标，你能做点什么吗？"

8. 帮助孩子制订一个行动计划，每周用三个简单的步骤一步步接近他们的愿望。

9. 每隔一周或一个学期检查一下实现抱负的进展情况。

10. 与家长和监护人联系，讨论下一步的工作。

为何有效？

向孩子展示，他们现在所做的事情会影响他们的未来，这真的能让他们大开眼界。每个人都有一个愿望——帮助学生发现自己的愿望。

重要提示

除非孩子敞开心扉，否则不要试图讨论。一定要尊重所有的抱负，无论是职业抱负、学术抱负还是其他抱负。

82. 缩小词汇差距的7个步骤

研究表明，在词汇方面，处于社会经济劣势地位的儿童落后于处于优势地位的同龄人。亚历克斯·奎格利（Alex Quigley）是一位英语教师，也是《缩小词汇差距》（*Closing the Vocabulary Gap*）一书的作者，他提出了以下七个步骤来缩小这个差距。

1. 培训教师，使他们在词汇教学中更具能力和信心。

2. 明确而清晰地教授专业词汇，并在整个课程中进行连贯的规划。

3. 为有词汇缺陷的学生提供培养结构化阅读的机会。

4. 在课堂上促进并组织高质量的演讲。

5. 在课堂上促进并支持高质量的写作。

6. 培养学生的词汇意识。

7. 教授学生词汇学习方面的策略，以便自学。

为何尝试？

如果教育工作者不努力缩小词汇差距，弱势学生与富裕学生在机会方面的差距就会越来越大。

重要提示

把缩小词汇差距作为你们学校明年行动计划的重点事项。

83. 为生活而教育的理论

综观现有课程，重点都放在"学术"科目，"职业"科目逐渐减少。因为现在孩子的整个学校生活都是为了在核心科目中取得好成绩。一份评估机构的报告表明，大多数教师和家长不认为这么做对孩子有帮助。他们说，这种教育不利于孩子以后的学业成功和课余生活，对课堂行为有负面影响，对学生的学习不利，降低了孩子的幸福感和上学的乐趣。

我们必须进行改革，用各种能力装备我们的学生。

1. 有目的地评估你的课程，避免课程疲劳。第一次就做好，让所有利益相关者都参与进来，每两年调整一次。

2. 在你的课程设置中融入艺术的身影，而不仅仅让其出现在课外活动中。

3. 在所有家庭学习活动中，将识字和算术的培养作为家长的首要任务。

4. 鼓励所有教师都持有高期望。他们的期望很重要，而且确实会对结果产生影响。

为何重要？

如果我们真的想拥有一个世界一流的教育体系，让所有年轻人都能取得成功，并为就业做好准备，特别是在新冠肺炎疫情之后，我们必须调整当前的做法。

重要提示

通过研究皮格马利翁效应，或者阅读西蒙·伯吉斯（Simon Burgess）和埃伦·格里夫斯（Ellen Greaves）关于少数族裔学生是否受到教师低期望影响的研究，了解期望如何提高一个人的表现，可访问tinyurl.com/y7camqpq获得。

84. 与自闭症儿童有效交流

在英国自闭症协会的一项调查中，只有不到50%的自闭症儿童或学生说他们在学校很快乐。70%的人说他们的同学不理解他们，50%的人说他们的老师不知道如何支持他们。很明显，尽管我们对自闭症的理解水平在过去的几年里有了很大的提高，但仍有很多事情要做。患有自闭症的孩子会对讽刺和影射性语言感到困惑，所以谨慎措辞是很重要的。遵循这些技巧可以让你的沟通清晰而简洁。

1. 和孩子说话时，直接叫他的名字。

2. 你想传达的指示或信息避免过于复杂。

3. 尽量不要说得太快。给孩子时间来处理你的信息。

4. 不要要求眼神交流。一些自闭症儿童无法理解眼神交流。

5. 告诉孩子一些简单的信息，并让孩子重复给你听，以检查孩子是否理解。

6. 在适当的时候使用非语言交流。

7. 避免使用反问句。

8. 如果你想要一个明确的答案，可以问一些具体的、直接的、封闭式问题。

9. 避免使用语义双关或容易令人困惑的短语。

为何重要？

有效的沟通会使你和这些孩子的关系有很大的不同。

重要提示

某些患有自闭症的孩子会滔滔不绝，而另一些则很少说话。每个孩子都是不同的，所以要了解他们各自的交流偏好。

85. 减少感官过载

许多患有自闭症和多动症的学生就读于主流学校，因此，支持这些学生必须成为教师和学校领导的首要任务。你知道吗，许多自闭症儿童和一些多动症儿童的感官都很敏感，对光线、声音、触觉和气味的过度敏感会导致巨大的痛苦。以下迹象是识别学生是否可能正在经历感官过载的方法。

1. 学生捂住耳朵、眼睛或鼻子。
2. 他们看起来焦躁不安、易怒或紧张。
3. 他们似乎心烦意乱或注意力不集中。
4. 他们看起来焦虑、过度兴奋或不知所措。
5. 他们可能会躲在桌子底下，重复动作，或者蜷缩成一团。
6. 他们会告诉你噪音/气味/图案/纹理困扰着他们。

一旦你意识到感官过载是一个问题，试试下面的建议来帮助学生缓解这个问题。

1. 为学生提供耳机来屏蔽噪音。
2. 允许学生离开教室（在监督下）。
3. 移除那些引起痛苦的物品（带有特殊纤维或质地的物品，或有强烈气味的物品）。
4. 制订一个计划，帮助孩子在感官过载时能够识别并交流，采取一些措施，以减少感官过载。

5. 确保所有教职工都明白什么是感官过载，以及它会带来怎样的问题。

为何重要？

帮助患有自闭症和多动症的儿童，并对他们的学习做出合理的调整，是工作的一部分。

重要提示

预测哪些情况（访客、聚会、旅行、哑剧）可能导致感官过载，并事先与学生讨论。

86. 帮助自闭症儿童社交

自闭症儿童会发现，在社交层面上与他人产生联系很有挑战性。他们可能显得孤僻、孤立或孤独。他们可能过于友好，缺乏如何进行双向对话的意识。或者，他们可能不希望进行社交互动，根本不愿意合作。以下是如何帮助自闭症儿童培养社交技能的建议。

1. 把他们介绍给其他有相似兴趣的人认识。
2. 鼓励他们加入与其特殊兴趣相关的俱乐部或社会团体（如果有的话）。
3. 向他们的同伴传授自闭症知识，鼓励他们接纳自闭症伙伴，提高对自闭症患者所经历的社交困难的认识。
4. 为非正式的时间制订计划，比如由学生发起的学习时间、休息时间或自由活动时间。
5. 让学生有机会向大人询问如何进行社交互动。

6. 使用"社交故事"（social stories）策略，这是卡罗尔·格雷（Carol Gray）开发的一套教导自闭儿童认识社交情景的训练方法。

为何尝试？

社会孤立感会对孩子的心理健康产生负面影响。

重要提示

不要强迫自闭症儿童去社交。

87. 教学要保持常规

自闭症儿童的行为通常具有可预测性和常规性。试试这些建议，让他们对每天要做的事情感到安心。

1. 确保给孩子一个直观的时间表，准确反映当天要做的事。

2. 每个学期都要提前考虑哪些事情可能会影响到孩子的学习进度。你可能需要提前和孩子或他们的父母讨论。

3. 考虑休息时间、儿童游戏或空闲时间的影响。怎样才能让这些时间更有条理呢？

4. 想想在时间表上需要让什么事件一目了然，比如圣诞节或考试时间。

5. 为不可预测的事件或紧急情况制订计划，例如意外的火灾警报。如果可能发生意外情况，定期讨论提醒学生该计划，有助于让孩子尽可能做好准备并有安全感。

为何重要？

自闭症的孩子们依靠时间表、常规事项和规则来度过每一天。

重要提示

在"返校"期间或长时间缺课后，可能需要特别注意重新建立常规日程。

88. 帮助学生更有条理

尽管许多患有自闭症谱系障碍（或其他疾病，如多动症）的儿童更喜欢常规和可预测性，但高功能自闭症儿童缺乏条理的情况并不少见。他们可能需要更多的支持，以下是你可以帮助他们的方法。

1. 提供更多关于旅行、家庭作业、学习用具的口头提醒。
2. 给家长发邮件，以便家长在作业或准备用具和材料方面提供帮助。
3. 让孩子重复你的指示，这样你就可以确定他们已经理解了。
4. 不要因为孩子忘记带用具和材料而惩罚他。相反，要想办法确保他们得到所需的支持，做好充分准备。
5. 鼓励孩子在他们的计划书或日记中写下关键提醒或最后期限。

为何重要？

如果自闭症儿童认为他们忘记了什么事情，会感到沮丧或羞愧。教育工作者必须以最好的方式支持他们。

重要提示

利用同班同学的帮助来提醒自闭症的孩子们。

89. 欣赏和理解残疾学生

当教育工作者第一次面对残疾学生时，他们可能会感到有点胆怯。看护的责任和义务是巨大的，重要的是要培养他们的信心和知识，以最谨慎和精确的方式对待。根据慈善机构的统计，英国有1,390万残疾人，那么你们学校应该如何帮助学生们认识和理解残疾人呢？

1. 分享励志故事。许多残疾人都经历了巨大的成功——分享并宣传他们的故事。

2. 谈论各种各样的残疾。没有理由把残疾视为禁忌话题——谈论它们可以帮助学生理解和接受。

3. 营造一个对残疾人友好的环境。思考你的学校如何满足所有人的需求。

4. 邀请有启发性的残障人士到你的学校，进行演讲或主持研讨会。

5. 在教学演示中适当使用残疾人的图片，不要避而远之。

为何重要？

学校有义务鼓励人人平等。

重要提示

你的学校里可能有残疾学生。他们如何得到情感和身体上的支持？

90. 机会平等

无论有无残疾，所有孩子应该得到同等多的机会。仔细思考以下活动，以确保所有的孩子都得到照顾。

1. **体育日、运动会和体育课。** 残疾儿童如何参与其中？

2. **戏剧表演。** 舞台的无障碍程度如何？是否所有的孩子都有同样的机会扮演主角和其他角色？

3. **学校旅行。** 需要制定哪些规定，使残疾儿童能够安全参加旅行？

4. **派对、舞会。** 为了让所有学生都能充分享受庆祝活动，需要做哪些调整？

5. **音乐和舞蹈课。** 关于音乐或舞蹈课的学习是否需要特别安排？

6. **美术课。** 残疾儿童在使用美术材料时是否需要额外的支持？

为何尝试？

身患残疾不应该成为限制孩子学习和参与活动的理由。通常有一些简单而有效的方法来进行合理的调整。

重要提示

安全永远是第一位的。

91. 接纳残疾学生

20年前，英国地方政府普遍能力不足，无法满足希望进入公立学校的残疾儿童复杂而多样的需求。然而，过去十年中发生了重大变化。教育工作者现在有责任作出"合理调整"，以确保残疾学生不受歧视。所有学校都需要考虑以下四个关键方面：

1. **安全防护。**所有学校都必须在其日常实践中考虑保护措施，尽职照顾每个孩子。

2. **教育、健康和护理计划或支持计划。**每个孩子都有权利得到特殊教育支持，有更复杂需求的学生也有权获得特殊教育支持。

3. **培训教职工，特别是助教。**培训应周密规划、定期举行和持续开展。可能需要开设专门的培训来满足个别学生的需要。

4. **课程、教学和学习。**一旦保护措施到位，培训与学生和教师的个人需求相匹配，那么课程（包括时间表）就可以与教学和学习的策略相匹配。

为何重要?

我们需要确保残疾学生不落在后面。沟通是成功的关键，所以要经常与这些孩子和他们的家人面对面地沟通。

重要提示

如果你缺乏必要的知识或资源，请寻求专家的帮助和支持，并确保所有教师都具备安全防护知识和课程专业知识，以满足学生的需要。

Feedback

第 5 章

协同各方反馈，
构建健康的反馈文化

如果你问我，我会告诉你，反馈是我们作为教育工作者拥有的最有价值的工具。但多年来，教育界似乎对什么是反馈形成了一种狭隘的观点——仅仅是成年人对孩子的反馈。"反馈"一词包含了一系列方法，这些方法不仅能提高孩子们的学习能力，还能提高教师的学习能力。它经常被贴上"评分"的标签，给人一种刻板印象，好像只能在学生的作业本上才能看到所有的反馈。

反馈还意味着什么？要开始回答这个问题，我们可以先回到字典，查看这个词的基本定义："关于对某个产品的反应的信息，一个人在一项任务上的表现等，可以用来作为改进的基础。"

考虑到这一点，让我们以更广泛和更深入的方式来思考反馈。教育环境中的反馈可以包括教师对教师的反馈，教师对家长的反馈，教师对学生的反馈，行政管理人员对教师的反馈，教师对管理者的反馈，等等。我之所以喜欢（有效的）反馈，是因为它能带来改进，而这正是我需要的。刚刚提到的例子揭示了有效反馈可能带来的许多潜在改进。

我并不想对督导和评估进行猛烈抨击，但那些被指责为"差劲"或"需要改进"的学校所承受的压力不可否认地受到了影响，这意味着教育界与反馈建立了一种不健康的关系。多年来，给教师打分的方式只会加剧恐惧，而不是带来反思。反馈更多的是你被观察后得到的标签，而不是如何对学习做出积极的改变。我希望这种为课程和教师评分的文化能逐渐消失，但我几乎可以保证，你们知道某所学校，甚至你们自己的学校，在继续为个别课程或教师评分。

英国教育标准局自2014年起取消了对个别课程的评分，此后对这一点进行了各种阐述，朝着结束徒劳无益和无效的做法迈出了一步。然而，由于某些学校领导根深蒂固的观点——教育标准局想要的是给课程评分，这一信息很难让人听到。我只能希望，也许这些领导会反思，这样的评分对教学和学习，以及教师的幸福感的不利影响。

根据评估专家迪伦·威廉（Dylan Wiliam）的说法，评估教师的效能远比观察几节课要复杂得多。在他的《创建孩子们需要的学校》（*Creating the Schools Our Children Need*）中，威廉对学校传统上用来评估教师效能的方法表示关注。他建议，与其试图找出谁是"好"老师，谁是"差"老师，领导者应该把重点放在建立一种学校文化上——让所有教师都有提高的空间。考虑到这一点，领导们应该反思，给教师打分是否真的是推动进步的一个有价值的工具。

作家马修·萨伊德（Matthew Syed）对高效能科学有特殊兴趣，他也得出了类似的结论。他的书《天才假象》（*Bounce*）和《黑匣子思维》（*Black Box Thinking*）都提供了从反馈中学习的有趣例子和许多有用的方法。下面这段来自《黑匣子思维》的话总结了为什么给课程评分不如给出有用的、直接的反馈："如果我们把困难理解为对我们自己的指责，而不是进步的途径，我们就离失败不远了。"

这一信息在教育领域是正确的。当我们给课程打分时，我们会在不经意间给教师打分。当我们给教师打分时，反馈就成了一个标签，而不是用来提醒进步的机会。它关闭了反思的大门。这不仅仅是评分低造成的结果：我曾见过被评为"优秀"的老师，在随后的观察中，当这个标签发生变化时，他们就会变得有戒心和敌意。

然而，除了这些挥之不去的低效方法，我认为反馈是推动改进的最为有效的方法。这就是为什么我希望教育工作者重视反馈，并从中汲取每一分力量，成为更加自信和充满反思精神的实践者。教育工作者明白给学生提供有效反馈的好处，所以我们自己也需要利用这些好处。学校领导对如何传递和接收反馈有着巨大的影响力，他们有责任确保学校里的反馈文化得到优化、发展。

在获得反馈意见方面，我建议根据不同的职责承担不同的责任：

- **高层领导**必须努力创造环境，将反馈作为加强实践的手段，而不是给员工贴标签。领导应该对所有学校利益相关者的反馈持开放态度。

- **教师**必须对真实的反馈持开放态度，放弃"课堂反馈就是针对他们"的错误想法，实际上这是为了加强他们的实践。

- **教师**必须以促进反思性思维和提高学习的方式，向孩子们提供反馈。

- **督导组**必须深刻反思追求名校光环带来的负面后果，并思考如何向学校提供准确的反馈，从而取得更好的结果。

为了将反馈作为改进的工具，你可以做什么？了解本章的观点是一个不错的开始。我希望能帮助你们建立一种开放、合作和反思的学校文化。

92. 听课后诚实有效的反馈

如果你能向同事提供反馈意见，那么要做到平衡可能会很困难。你要确保你的信息直截了当，并且有用，同时确保你的同事也有机会表达他们的观点。按照下面的建议去做，给出有意义的反馈。

1. **了解你的反馈对象。**有些人喜欢直接、简洁的反馈，而另一些人则需要指导方法，用提示来引导他们进行反思。给出反馈之前，思考一下对方的个性。

2. **关注学生的学习或表现。**所有的课堂观察都应该关乎结果，以及哪些因素有助于改善或阻碍这些结果的产生。围绕结果展开对话有助于保持反馈的重点。

3. **及时给予反馈。**课程和反馈之间的间隔时间越长，就越难有意识地反思。

4. **倾听。**如果你的反馈对象有机会表达他们的观点或提出问题，反馈就更像是一场关于教与学的富有价值的对话。

5. **放松。**如果你在给予反馈时感到紧张，对方也会紧张。

6. **以行动结束。**确保对方在谈话结束时对自己的成功充满信心，并意识到他们需要采取哪些行动来进一步改进。

7. **反馈要简短。**在我看来，5—10分钟是最好的。少于5分钟表示谈话时间不够，但超过10分钟可能会让反馈接受者不知所措或感到困惑。

为何重要？

如果你要观摩同事的课，那么给出正确的反馈是确保听课具有目的和意义的最佳方法。

重要提示

为了确保对方理解你的反馈，在谈话结束时总结你的主要观点。

93. 建设性反馈对话

我们都听说过"反馈三明治[①]"，但这种方法已经过时了，而且会让对话不自然。以下是与同事进行建设性反馈对话的五个组成部分。

1. **目的**

   在更大的学习蓝图中拆解课程的目的。

2. **内容**

   既然课程的内容非常重要，那就谈谈它的影响。

3. **授课方式**

   讨论教学和授课的成功之处，集中讨论任何需要调整以优化学习的部分。

4. **结果**

   根据目的、内容和授课方式来讨论课程的结果。

5. **总结**

   突出加强学习的要素。确定改进目的、内容和授课方式的方法。

---

① 反馈三明治是指对员工进行绩效反馈的基本方式，先对员工工作进行肯定，然后指出问题，最后提出改进方案、给出光明前途。——编者注

为何尝试？

遵循这一模式可以确保讨论围绕核心要素展开，并使谈话简洁而有用。

重要提示

记住，反馈应该是个性化的，但绝不针对个人。

94. 传达负面反馈信息

没有人想给同事负面反馈，但有时需要传达一个明确的信息。在你开始给予负面反馈之前，请思考以下几点。

1. **反馈前做计划。** 知道谈话何时何地进行。确定核心信息是什么，并记住这一点。

2. **预测反应。** 对方会同意、惊讶还是防御？他们会怎么说？

3. **开诚布公。** 在这种情况下，反馈很难给予和接受。解释问题及其影响。避免指责，不要涉及个人——要实事求是。

4. **倾听。** 给对方一个回应的机会。

5. **再说一遍。** 如果有必要，重复反馈。

6. **明示后续举措。** 以总结结束对话并进入下一阶段。让对方知道他们得到了支持和重视。

7. **保持简洁。** 避免卷入进一步的长谈或辩论。如果需要讨论更多的问题，请留出时间让情绪平静下来。表明你想进一步讨论，但现在不是时候。

为何尝试?

为有困难的谈话做足准备，意味着真实的信息能够传递出去，同时教职员工的心理健康不会受到影响。

重要提示

也许有必要邀请第三方来参与负面反馈对话——也许是一个与对方关系良好的人。

95. 公正的反馈

公正对待你的反馈会对结果和进步产生很大的影响。那么，你如何确保对同事的反馈是公正的呢?

1. **明确预期。**如果不清楚预期，太过具体的反馈可能会让人觉得不公。
2. **提供范例。**给你的同事观察其他人教学或成果的机会，作为实践的典范。
3. **留出时间。**在你再次回顾他们的实践之前，一定要给团队成员足够的时间去学习、练习和嵌入技能或知识。
4. **征求其他意见。**征求资深同事的意见是确保你保持公正的好方法。

为何重要?

没有人打算一开始就把事情搞砸。公正地给予人成功的机会，达到双赢。

重要提示

询问对方，他们是否觉得反馈是公正的。你可能不喜欢这个答案，但是听听无妨。

96. 向上反馈负面信息

你多久向上级领导提供一次有价值的诚实反馈呢？试着用这种方法让负面反馈有效而公平地传达。

1. **安排一次非正式会面**。简要描述你想讨论的内容。例如："我想谈谈反馈持续的时间，我们周一见个面好吗？"这就很清楚地表明，你们的讨论需要一点时间和精力，同时让领导了解这个话题。
2. **实事求是**。有效地利用时间，确保你的观点表达清楚，反馈明确。
3. **表现出同理心**。领导通常会花大量时间思考和准备方案，因此要注意不要过分强调严重性。

为何有效？

任由不满情绪发酵会导致怨恨或沮丧。与领导展开对话是建立一个相互联系、开放的团队的好方法。

重要提示

不要急于反馈。在你安排会面之前，花点时间整理一下你的想法。你永远不会知道，经过一番思考，你很可能会改变主意。

97. 给自己一个全面的反馈

许多教师花时间反思他们所教的课程，经常只考虑不太顺利的方面。尝试以下方法来更全面地反思你的课程。

1. **反思教学计划。**好的课程始于好的计划。问问你自己，学习目标合适吗？计划是否能引导学生达到学习目的？如果你对这两个问题的答案都是否定的，那么思考一下课程计划需要如何修改。

2. **反思授课过程。**通过有效的指导和解释来传授课程，对结果有很大的影响。问问你自己，我是否清晰有效地进行了解释和指导？如果你的回答是否定的，那就明确如何改进。

3. **反思学生的行为和参与度。**如果学生们积极参与，行为良好，这门课就更有可能取得成功。问问你自己，学生们表现得好吗？他们参与学习了吗？如果你对这两个问题的答案都是否定的，那么思考一下你需要采取什么行动来改善现状。

4. **反思课程结果。**如果学生努力学习，并且许多学生都取得了成功，这就可以成为学习的一个很好的指标。问问自己，大多数学生在课上表现好吗？如果你的回答是否定的，想想障碍是什么。

为何有效？

反思带来进步。

重要提示

对于每一步，也要问自己，成功的地方是什么？我们可以从积极方面学习，也可以从不足方面学习。

98. 最大化接受反馈

你怎样才能从听课反馈中获得最大的益处？

场景1：听课者问，你认为课程进行得如何？

1. 这可能会让你试图猜测他们。你想的是："你来告诉我吧！"

2. 你经常说的是："我觉得还行……"

3. 你可以这样说："我已经记下了一些优点和下次我要改变的地方。"

4. 原理：你对反馈拥有主动权，并能自我察觉。

场景2：听课者建议你在他们离开后尝试做某些事情。

1. 你想的是："我就是这么做的啊！"

2. 你经常说的是："我经常做啊"或"你离开后我就是那样做的"。

3. 你可以这样说："我经常用那种方法，你是对的，这种方法很管用。""我喜欢这种方法——我确实在后来的课上用过，这就是效果……"

4. 原理：你要表现出理解，而不是防御心。

场景3：听课者提出了一个你不同意的评论或建议。

1. 你想的是："你错了。"

2. 你经常说的是："我不同意"或者（更糟）"好吧……"

3. 你可以这样说："我有不同的观点，给我些时间思考一下，我们稍后再讨论这一点好吗？"

4. 原理：你给人的印象是思想开放的。

为何有效?

以开放的态度对待反馈有利于你的教学实践。

重要提示

把反馈当成一个成为主角的机会,让一切都围绕着你! 花点时间谈谈你自己和你的班级。

99. 课程评分变有效反馈

由于所有英国学校督导都不再给个别课程评分,在大多数学校,给课程评分已经是过时的做法。如果你还在为个别课程评分,这里有五个简单的步骤,教你如何将其转变为有用的反馈。

1. 立即停止给课程和教师评分。避免标签化。

2. 反思一下你当前的课程反馈表。标题和结构是否有利于反馈? 同事对这种形式有什么看法? 删除所有评分词语的痕迹,如"优秀""良好""需要改进"或"不合格"。

3. 创建并试用一个经过更新和改进后的反馈表。基于教师的反思和学校文化来构建;尽量保持简单和简洁。在听课的过程中试用反馈表。

4. 试用结束后,反思一下这个表格的有效性,并征求集体的反馈。

5. 定稿之前,不断对表格进行修改。

为何重要?

当我们给课程评分时,教师们会觉得自己被贴上了标签。这是一种不好的做法，可能会损害教师的幸福感和恶化压力水平。反馈应该是为了改进和成功，而不是贴标签。

重要提示

记住，评分不是反馈——反馈就是反馈。如果反馈是有效的，人们很快就会明白什么地方需要改进，而不会等到他们被告知"需要改进"。

100. 书面作业评分的影响

2016年，教育捐赠基金会发表了一份关于给书面作业评分的影响的评论，题为《评分会显著改善吗？对书面作业评分影响的回顾》（*A Marked Improvement? A review of the Evidence on Written Marking*）。以下是摘要。

1. 粗心的错误应该与误解引起的错误区别对待。解决后者的最好办法是提供提示或问题，引导学生了解基本原则；解决前者的方法是简单地将错误标记为不正确，而不给出正确答案。
2. 给每一份作业打分可能会减少评分的影响，尤其是当学生们只在乎分数而忽略了老师给出的形成性评价时。
3. 利用指标使评分尽可能具体和可行，有可能提高学生的进步水平。
4. 学生不太可能从评分中受益，除非留出时间让他们思考并做出反馈。
5. 有些形式的评分未必能促进学生学习的进步。学校应该减少评分，这样才能提高学生的分数。

为何重要?

回顾这些影响可以帮助学校将教学实践推向正确的方向。

重要提示

在教师会议上与你的同事讨论这些发现。

101. 创建反馈文化

你的学校有值得骄傲的反馈文化吗？我们的反应各不相同，但你可以通过观察人们对反馈的一般反应来了解学校的文化。你们学校的员工对反馈的反应如何？遵循以下步骤，让你的学校成为一个对反馈持开放态度的地方。

1. 抛弃评级。
2. 接受指导。
3. 让教职工逐一与导师结对。
4. 召开一次会议，讨论反馈的价值和好处。
5. 向教职工征求有关学校制度或领导方法的反馈（实践你所宣扬的！）。
6. 避免使用"反馈三明治"之类的方法。
7. 为员工提供对反馈做出反应的机会。如果不采取行动，反馈就会变得毫无意义。
8. 对真正的教与学讨论进行反馈，而不是单向传递信息。
9. 把人们的错误或发展区当作进步的机会。听课应该是为了反思，而不是为了追求完美。

为何尝试？

在马修·萨伊德的《黑匣子思维》一书中，他写道："一方面，你可以打破凡事都要追求完美的想法；另一方面，你也可以树立这样的想法，即我们可以通过良好的反馈和实践变得更好。"

重要提示

消除对反馈的恐惧需要时间和耐性，所以要坚持下去。

102. 建立学生反馈指南

学校经常使用评分政策来代替反馈指南，这意味着所有对学生的反馈都是通过书面评分来实现的。但是反馈比评分重要得多，所以要建立强大的反馈指南，并且注重反馈的力量。

1. 决定你的反馈理念。你为什么给学生反馈？目的是什么？
2. 列出给予学生反馈的多种方式，例如：教师对学生一对一的口头反馈、小组反馈、全班反馈、同伴反馈、书面反馈等。概述这些方法及其影响。
3. 思考不同科目和不同年级对书面反馈的期望。这些期望对教师的工作量和幸福感有相当大的影响。
4. 尝试并使用反馈指南。
5. 确定预期。如果你认为英语作业中不需要出现书面评语，就不要勉为其难给出反馈。

6.　与所有教职工、管理者和家长分享反馈指南。

为何尝试?

反馈是教师职业生涯中的重要组成部分,因此在你的学校中定义有效的反馈是很有帮助的。

重要提示

在构建反馈指南的每个阶段都要让你的同事参与进来。教师是遵循指南的人,所以他们的观点和参与对它的成功至关重要。

103. 七种方法给学生更好反馈

2016年《卫报》发表了一篇文章,提出了七种给学生更好反馈的方法。思考你可以使用哪一条建议来改进你的口头反馈?

1.　不要走极端。

2.　平静地纠正。

3.　不要比较。

4.　反馈要具体。

5.　关注过程,而不是天赋。

6.　将开放性问题和封闭式问题结合。

7.　反馈要以明确的行动要点结束。

为何重要？

有效的反馈对学习有积极的影响。

重要提示

可访问tinyurl.com/ycpyf9z7阅读全文。

104. 用反馈推动学习前进

反馈是一个强大的课堂工具，所以要充分利用你在课堂上的时间，提供丰富而积极的反馈，帮助学生发展。在一段视频中，评估专家迪伦·威廉就如何给学生提供反馈以推动学习，提出了自己的看法。以下是他的要点。

1. 避免"马后炮式"的反馈，只陈述应该做什么。
2. 谈谈接下来的学习内容。
3. 为推进学习，设计专门的反馈。

为何有效？

迪伦·威廉赞同道格拉斯·B. 里夫斯（Douglas B. Reeves）的观点，即反馈应该更像一种医学检查而不是尸体解剖。

重要提示

问问你自己，"这个反馈是否让学生知道下次该做什么？"

105. 当面批阅，实时反馈

当面批阅，实时反馈是一种很好的方式，可以在学生完成作业时对其进行反馈，让他们能够立即做出反应。请按照以下提示成功地执行。

1. 在教室里走动。只和一个孩子待在一起会限制你在教室里帮助其他孩子的能力。

2. 教室各处和你身上都要有笔，这样就可以方便地进行实时评分。

3. 将实时评分与适当的口头反馈结合起来。记住，你的目的不只是给作业评分，而是在口头提示的同时提供有用的笔记。

4. 避免在作业本上写冗长或详细的评论。

5. 告诉学生们，你会四处走动，批改他们的作业。这会让他们意识到反馈是随时的，你希望他们倾听并付诸行动。

6. 也请助教完成实时评分。

为何尝试？

实时评分有明显的好处，比如可以给学生提供即时反馈，以便他们采取行动，并减少之后批阅的工作量。

重要提示

快下课时，浏览学生的作业，找出你在课堂上没有看到的作业。做笔记，形成全班反馈。

106. 持续给予口头反馈

你是否发现自己在对同样的学生重复同样的反馈？使用这个策略来给予、重复并巩固反馈。

1. 当你注意到一些细节时，让学生知道你将要给他们一些非常重要的反馈，你希望他们仔细听，因为这有助于他们更好地学习。

2. 用最简单的方式给出反馈："我希望你能更好地选择合适的词汇。这会使你的文章更引人入胜，你可以使用同义词替换这些词语。"

3. 让学生重复你给的反馈，重复你说过的话。

4. 让孩子根据反馈采取行动。

5. 再次找到学生，再次给予他们反馈。

6. 让学生解释他们做了什么。

7. 他们可以向同伴展示改进后的作业，解释他们是如何根据得到的反馈采取行动的。

为何有效？

多次反馈可以让学生清楚地知道他们应该做什么。

重要提示

记住要提到对学生学习的影响，引导他们发现作业是怎样改善的。询问他们在未来会如何再次使用这些反馈。

107. 全班反馈

你尝试过全班反馈吗？如果没有，按照这些简单的步骤开始吧。

1. 在一节课结束时，浏览一下作业本上的内容。在诸如"表扬""进展顺利""如果……更好"和"待修改"等标题下做笔记。
   - 在"表扬"一栏，列出几个可以作为成功范例加以分享的孩子。
   - 在"进展顺利"一栏写上学生共同的优点。
   - 在"如果……更好"一栏写上待改进的地方。
   - 在"待修改"处写下你希望学生快速修改的内容——例如，"在回答第3题时附上理由"或"检查第4题的计算"。
2. 在下一节课开始的5到10分钟内，给出全班反馈，让学生有时间反思和修改。
3. 根据全班反馈，告诉学生你希望他们下一步做什么，以此作为总结。

为何尝试？

这种提供反馈的有效方法使学生能够向同伴学习，反思自己的作业，根据反馈采取行动，庆祝成功并了解自己的下一步行动，同时减少教师不必要的工作量。

重要提示

你所在学校可能有通用的评分政策和反馈方法。在你开始全班反馈之前，有必要和你的领导讨论一下。

108. 提供反馈辅导

教师提供反馈很好，但有时也要促使学生反思自己的学习，创造自己的反馈系统。下面是方法。

1. 随着课程的进展，和学生一起探索他们的学习。
2. 询问学生，两种反馈中哪一种与他们更相关，以及为什么这种反馈可能会提高他们的学习成绩。例如，"你认为我想让你接下来在角色之间添加更多的表述性语言或对话吗？"使用成功标准构建反馈的内容。
3. 促使孩子重新审视他们的学习。
4. 回到孩子身边，询问他们是如何改进他们的学习的。

为何有效？

对一些学生来说，指导他们自我提高更有效。这么做使他们学会独立自主，并对他们的学习进行有意义的反思。

重要提示

通过反馈辅导，分享孩子的进步之旅，启发他人。

109. 给予学生诚实的反馈

如果你希望对学生的反馈是有目的的，你必须诚实。请尝试以下三个建议，让你的反馈更诚实，更受欢迎。

1. **聚焦成长。**成长型思维模式在教育界一直很盛行。表扬努力而不是表扬结果。表扬时要谨慎，因为学生能感觉到你的不真诚。记住，成长型思维模式并不是告诉孩子他们可以"做任何事"或"只要竭尽所能，你就能做到"，所以要避免这些空洞的说法。

2. **了解你的受众。**如果你不确定孩子会如何得到诚实的反馈，那就不要给他们。相反，花点时间询问学生，引导他们得出自己的结论。这比给予可能损害他们动机或自尊的反馈要好得多。

3. **坦诚相告。**从一开始就告诉你的学生，你将如实对待他们的成绩和努力。向他们解释这么做会帮助他们了解自己表现如何以及如何改进。反馈应该是个性化的，而不是针对个人的，学生应该准备好接受诚实的反馈，这是班级精神的一部分。

为何有效？

给孩子诚实的反馈可以建立信任，鼓励开放的文化。

重要提示

我们都知道老师的时间是宝贵的。如果你怀疑诚实是否是上策，记住，诚实可以节省每个人的时间。

110. 减少过度评分工作

多年来，书面反馈一直是教育界的热议话题，因为过度的评分工作消耗了大量时间。遵循以下建议，确保评分工作不会给老师带来难以管理的工作量。

1. 停止要求更多评论的期待。

2. 不要期望教师写出课上进展顺利的内容，或者是否达到了学习的目的。

3. 减少对作业评分的审查，有利于教师从作业中发现学习成果。

4. 不要期望孩子们对教师的评论作出回应，教育作家大卫·迪道（David Didau）认为这是"毫无意义的交流"。

5. 停止使用彩色荧光笔或钢笔标注，向学生传达字体模糊的信息。

6. 不要要求老师用任何方式做记录，以"证明"自己给予过口头反馈，这会产生一种不信任感，而且浪费时间。

为何思考？

过多的评分工作增加了教师的工作量，并且几乎没有证据表明，上述任何措施会对学习结果有积极的影响。

重要提示

如果你仍然相信这些策略是有效的，为什么不在课上尝试废除过多的评分策略，来探索对自己的影响呢？

111. 重视反馈的力量

一项新的关于实证研究的元分析表明，"不能将反馈作为一种单一、统一的方法"，研究人员称，"反馈已经成为教学研究和实践的焦点"。他们还指出，"有必要将不同形式的反馈设立为独立的衡量标准"。

《可见的学习与深度学习》的作者约翰·哈蒂（John Hattie）认为，反馈有三种关键形式：

1. **先馈**

    实际状态与目标状态的比较。

2. **后馈**

    实际状态与之前的状态进行比较。

3. **前馈**

    根据实际状态解释目标状态。

关于反馈力量的研究，一个最一致的发现是其效果的显著可变性。尽管哈蒂关于反馈的研究很受欢迎，但我参观世界各地办学的经历告诉我，就像所有研究一样，把理论和实践都转化为自己的知识很重要。目前，对于不同类型的反馈在不同情境下的效果，我们还没有任何有力的研究。那么，我们已经明确知道的是什么？

1. 反馈必须被视为一种综合而有别于其他的实践。
2. 反馈有很多种形式，可以对学生的学习产生不同的影响。
3. 反馈包含的信息越多，效果越好。

为何重要？

当你了解反馈的各种形式及其潜在影响时，你就可以根据你的学校和学生个体来调整反馈。

重要提示

请记住，为班上视力障碍学生提供的反馈与在公立学校数学课堂上的反馈是非常不同的。

112. 同伴反馈的缺点

同伴反馈当然有它的好处，但是在你开始进行生生反馈之前，请思考以下三个注意事项。

1. **学生不知道如何给予有效的反馈。** 通常，在同伴反馈中，学生不知道说什么。结果是，反馈关注的是作业表现，而不是学习的实质内容。
2. **学生们不够专业，无法提供有效的反馈。** 除非他们对学习非常有信心，否则他们给出的反馈实际上可能弊大于利。
3. **学生们最终可能会伤害同伴的自尊。** 学生们可能是严厉的批评者，他们的反馈可能会无意中伤害同学的自我价值感。

为何思考？

如果不仔细思考这个问题，同伴反馈最终可能只是浪费时间。

重要提示

在你尝试在课堂上进行同伴反馈之前，先教学生如何有效地提供反馈。通过要求学生使用课程的"成功标准"来指导学生的反馈。

113. 重视口头反馈

任何一位老师都会告诉你，最大的挑战之一就是批改作业的工作量。在我参观世界各地学校办学的经历中，我看到的最有效的策略之一，是使用有效的提问技巧定期评估学生的学习情况。口头反馈是教师减少工作量的巨大胜利。

2019年，我发表了与伦敦大学学院（University College London）合作的口头反馈项目的研究结果。该项目探讨了口头反馈方法对7年级弱势学生学业成绩的影响。经过一年的试验，所有的老师都报告说，学生的成绩有显著差异。研究结果表明，口头反馈如果运用得当，会对所有学生的参与度产生积极影响，也可能会带来进步和成就。

为何重要?

口头反馈有可能减轻教师的评分负担，并提高学生的成绩。

重要提示

阅读有关口头反馈的研究报告。

Leadership

第 **6** 章

领导力

所有的教师都可以成为领导者。教师花大量时间引导学生的学习、个人发展和情感健康。在某些方面，教师还必须领导家长和监护人，以资源为指引，为他们提供支持和策略。事实上，许多潜在的领导技能（有效沟通、组织、长期愿景、委派、创造力、正直）都可以通过教学得到培养。

无论你是一个班级领导、中层领导、高层领导还是一个有更高抱负的领导，花一点时间反思你的领导能力可能会带来提高和改善。但是在你探索这一章的想法和研究之前，我想给你讲一些我个人的领导经验。

经验1：什么使你成为一个好的领导者？

我的领导力在十几年的教学生涯中稳步提升。我并不急于登上顶峰，我真的很自豪，能够有时间和空间成为一名教育工作者。永远朝着目标奔跑，而不是围绕角色。这可以概括我的人生历程。

在我从事教学工作两年左右，我的职责得到了扩展，我被要求管理和领导全校的"学生之声"，这在当时是一个新的、不确定的职责。我真的很想以某种方式为学校做点贡献，而且我暗自认为，通过我的课堂教学实践，我已经掌握了一些管理学校活动所需的技能。对我来说，挑战是要对"学生之声"有一个深刻的理解——这是一个我知之甚少的领域。没有前辈的脚步可以追随，我感到不安。这种感觉促使我上网，做尽可能多的研究。有趣的是，我对此了解得越多，我的热情就越高。我沉浸在阅读中，很快实施了一些成功的举措。

我的领导职责随后扩大到"学生之声、幸福感和参与"。为了了解幸福感和参与，我不断地阅读。当我阅读的时候，我的信心和激情都在增长。我把学习付诸实践，并领导了一些大型的全校倡议活动，对学生和教职员工产生了真正积极的影响。然后，我的领导职责再次演变为"幸福感、参与、教学和学习"。循环继续。2018年，我接受了副校长的职位，并继续拓展和深化我的领导力知识，特别是领导力的具体领域（课程、教学和学习，以及学生心理健康）。每次我被指派去领导一个领域时，我都会尽可能多地了解它，以便真正擅长于领导这个领域。当然，我在课堂实践中获得的领导技能在更广泛的领导阶段都发挥了作用。我运用时间管理、计划和沟通技巧，并将这些技巧应用到所领导的项目和计划中。我花时间去了解所领导的人，并在头脑中有明确的目标，一丝不苟地规划我的项目。

这个故事的重点是强调一些我认为非常重要的事情。为了成功地领导一件事，你需要具备三样东西：知识、动力和激情。我认识的一些同事非常有动力去领导，但对他们的领导领域缺乏深度的知识或激情。他们只是为了领导的地位而领导。我也认识一些在特定领域拥有惊人知识和激情的领导者，但他们绝对没有动力或愿望在自己的实践之外扩展专业知识。

当你在知识、动力和激情之间找到了正确的平衡时，在领导力方面就会发生绝妙而深刻的事情。有了知识，你就有了实施计划和进步的能力。有了动力，你会坚持不懈地追求目标，有条理，有时间意识；你决心取得最高的成绩。有了激情，你就能鼓舞人心，在你领导的领域传播激情。当然，沟通、时间管理和创造力是必要的技能，但对我来说，知识、动力和激情是关键。问问自己，哪三种不同的领导特质是你非常看重的？

经验2：重视所领导的人

领导力的另一个重要方面是理解他人和与他人沟通。如果你能深入理解是什么在驱动、激励和困扰着你所领导的人，你就已经成功了一半。领导各种各样的人，他们有不同的生活方式、方法和技能，真的会让你体会坐过山车的感觉。最让我引以为豪的领导力时刻，是与同事建立联系、给予他们支持并赋予他们权力的时刻，但最具挑战性和最困惑的时刻，则是与团队成员产生隔阂的时刻，因为这样或那样的原因，他们感到被剥夺了权力或得不到支持。领导和管理极端棘手的人，教会了我一些关于领导力的最重要的课程（以及一些关于我自己的非常重要的课程）。我能够很幸运地说，我与同事之间99.9%的互动都是积极、鼓舞人心、有趣的，但领导他人的确很难！

经验3：找到平衡

根据我的经验，良好的领导能力依赖于平衡。它需要一个强大的视野，同时也需要一个开放的心态。它需要有实现目标的动力，但又要关注工作量和节奏。它需要自信，也需要谦虚。它要求你既要在场，又要保持距离。

经验4：反思

学校领导是一项非常重要的工作，所以通过反思你的领导经验，你可以取得很多成就。反思可以带来自信（"我确定我做的选择是正确的"）以及自我提升（"下次我不会再重复同样的错误了"）。要反思你自己的领导力，花点时间思考一下以下提示。

现任领导者

你最自豪的领导时刻是什么？

什么样的领导时刻挑战或困扰着你？

其他人如何评价你的领导能力？

有精进抱负的领导者

你最期待的领导力是什么？

你潜在的担忧是什么？

你希望成为什么样的领导者？

经验5：为自己加油打气

我花了一些时间反思自己的领导力，接下来要说的话有点尴尬却颇具勇气。

我真的很擅长领导。

好了，我说完了。在自己的书中如此吹捧自己，可不像个英国人，但我这么做是为了表明一个重要的观点：如果你不为自己加油打气，那么没有人会支持你。毫无疑问，能力对于领导是至关重要的，但信心和对自己能力的信任也同样重要。你对自己有多少信心？它会如何影响你的团队对你领导能力的看法？

我认识到我的领导并不总是正确的，我也不再为此自责了。这并不是说我不会反思自己的错误或从错误中吸取教训，只是领导者也是人。目前，我知道我带领团队走向成功的愿望远远大于我对失败的恐惧。像许多教育工作者一样，我过去觉得自己能力不足，尽管我取得了很多成功。你可能听说过"冒充者综合征"，即觉得自己的能力配不上自己的位置，总觉得自己的缺点会被发现。这种持续的、残缺不全的感觉会对幸福感和心理健康产生巨大的负面影响。在一项研究中，有"冒充者综合征"的学生发现，当他们向他人伸出援手时，他们的症状有所减轻，但这不是因为谈论了自己的感受，而是因为他们选择的倾诉对象。当学生们与他们课程以外的社会群体交谈时，他们的不满足感减少了。如果你发现自己正与一种内心的对话斗争，这种对话可以告诉你，你不擅长你的工作，试着和校外的人谈谈，他们可以帮助你看到更广阔的前景。

成功领导并没有单一的途径。无论你的职责有什么——遑论是领导学生之声、数学，还是整个学校——都有很多领导原则。问题是，关于领导力的建议可以说太多了。翻阅成千上万的书籍、博客和文章可能会让你更困惑，所以这一章提供了一些流行的领导力方法的概述，以及我自己的一些想法和技巧。我希望它们能帮助你发现，你想成为什么样的领导者。

114. 为开始领导做准备

你如何提升领导力？你怎么知道什么时候准备好了？问问自己这些问题，以决定是否是时候迈出飞跃的一步。

1. **你想领导谁？** 这听起来是多此一举的，但你需要对自己想要领导的对象有信心：是一个团队，还是一群学生？

2. **你充满激情吗？** 在领导力方面，当你对自己的目标真正有激情时，你最有可能成功。

3. **你的知识渊博吗？** 即使你充满激情，如果你在希望领导的领域没有足够的专业知识，你可能最终会觉得自己没有能力有效地支持他人。

4. **你有时间吗？** 任何形式的领导都需要时间。优秀的高层领导会让你有足够的时间离开课堂去发展你的领导能力。

5. **你的管理能力达标吗？** 如果你很有条理，遵守期限，这将有助于培养你的领导能力。

6. **你善于与人相处吗？** 领导工作的方方面面都涉及为他人服务和与他人联系。在很大程度上，领导工作在于管理人员，要表现出同理心，以及在必要时能够开展困难的对话。

为何有效？

领导是一件好事，但也有一些具有挑战性的方面。三思而后行会让你充满信心地前进。

重要提示

如果你的任何答案让自己感到不快，千万不要这样想。只要找到能够帮助你解决发展区问题的系统方法和人员就好了。

115. 培养高效能习惯

你是否在寻找领导力的核心特征？史蒂芬·柯维1989年的著作《高效能人士的七个习惯》经受住了时间的考验——他的领导力指导思想至今仍广受欢迎，并被广泛引用。以下是他总结的高效能人士的七个习惯。

1. **积极主动。**积极主动，为自己过去、现在和未来的行为负责。

2. **以终为始。**找到你人生的原则，设定一个目标，然后定期反思。

3. **要事第一。**当你做某件事的时候，记得问自己："这对我的长期目标重要吗？"

4. **知彼解己。**倾听是一种强大的工具，它能让你减少假设，并提供准确的信息。

5. **双赢思维。**当涉及与他人的互动时，要想办法让双方都从中受益。

6. **统合综效。**记住，两个人可以意见不同，创造性地合作。把努力和想法结合起来，产生更好的结果，就能取得成功。

7. **不断更新。**在身体、社交、情感、智力及精神方面，不断更新自己。

为何有效？

这些简单的方法有助于我们在面对不同的人群、面对复杂的目标时，始终保持专注。

重要提示

思考一下，如何使用这七个习惯来评估你的领导能力。用一分钟的时间记下你对每个习惯的反思，这意味着你在10分钟内就能取得显著的进步。

116. 变革型领导特质

1978年，政治学家詹姆斯·麦格雷戈·伯恩斯（James MacGregor Burns）首次提出了变革型领导的概念，即将领导者描述为能够激发追随者的积极性，从而更好地实现领导者和追随者目标的个体。后来，学者伯纳德·巴斯（Bernard Bass）进一步扩展了伯恩斯的研究，并在1985年出版了一本强调变革型领导者的基本特征的书。关于变革型领导者的特点，巴斯总结道：

1. 要成为下属行为正直和公平的典范。
2. 设定明确的目标。
3. 向下属表达对他们的高期望值。
4. 鼓励下属。
5. 提供支持和认可。
6. 鼓舞、激励下属。
7. 激励员工超越个人利益。
8. 激励下属勇敢挑战。

试试以下四种方法，看看你是如何展现这些特质的。

1. **从最薄弱的环节开始。**按最强到最弱的顺序排列。为自己设定一个目标，专注于自己最薄弱的领域，以提高你的领导力。

2. **混搭技巧。**选择两个特质，并在一段时间内尽可能多地运用它们，反思其对你的领导能力的影响。

3. **展示并介绍。**向你的团队成员展示你在日常领导中如何彰显这些特质。

4. **收集反馈。**让你的团队就每一个特质给予你反馈。为了获得真正有用的回应，你可能需要以匿名的方式进行此操作。给你个忠告：不想知道就别问。你需要准备好并愿意接受个性化的反馈。

为何尝试？

这些令人钦佩的特质会慢慢变成领导常识，但众所周知，正确的并不总是容易的！花时间思考你最需要的特质。

重要提示

反思造就完美。

117. 倾听型领导

倾听是一种强有力的领导工具。尝试以下技巧，成为倾听型领导者。

1. **不要中途打断他人。**在你回应之前，确保你的团队成员已经说完了。如果你不小心打断了他们，道歉并让他们继续。

2. **提出问题，听取回应。**仔细地问问题，认真地听对方的回答，是找出更多信息的最好方法。

3. **点头并重述。** 确认你理解了对方的想法或回应，会让他们感到被倾听和支持。

4. **肢体语言。** 当你听的时候，想想你的眉毛和手臂在做什么。这些身体部位会泄露你的很多想法。

5. **集中精神。** 如果别人说话时你走神了，这比你想象的要明显得多。通过提醒自己倾听这个人讲话是多么的重要，来保持注意力。

为何重要？

如果你不倾听，你就会错过对团队的感受、想法、创意或幸福感的关键洞察。这可能不利于取得进展。

重要提示

如果你无法全程倾听，让你的同事知道，并约定下次谈话的时间。

118. 学习型领导

你是否经常听取团队的观点和想法？当被赋予领导职责时，很容易认为所有的决定都是由你做出的。但是你选择的课题或团队的方向将对人们的生活产生巨大的影响，你的成功也取决于这些人，所以为什么不看看他们能提供什么呢？你可以通过这些方法成为一个学习型领导者。

1. 问一些你认为已经知道答案的问题。有时候，在你觉得最自信的地方寻求澄清，是确定你的主题或领导目标的一个好方法。

2. 让员工提供一种方法，让你的领导领域更易于管理。

3. 对你的团队成员进行投票或测试，收集各种想法或观点。只是不要经常这样做！

4. 使用主题意见箱或员工意见箱，让同事随时反馈意见。

5. 阅读有关领导力领域的博客和文章，收集各种策略或资源。

6. 与地方/区域领导建立联系，分享你的想法和实践。

7. 询问学生。他们通常以深刻和独特的方式来反思学校生活的各个方面。

为何尝试？

没有人是一座孤岛。

重要提示

在寻求意见或支持时，要通过经常实践来培养信心。

119. GROW教练辅导模型

体现校园领导力的绝佳方式是担任导师或教练。通过分享思想、帮助他人反思，你可以为他们提供发展和成长的关键机会。尽管这两种角色通常结合在一起，但它们却截然不同：用最简单的话说，导师告诉你如何做，教练问你如何做。GROW教练模型是由商业教练格雷厄姆·亚历山大（Graham Alexander）、艾伦·范恩（Alan Fine）和约翰·惠特莫尔爵士（Sir John Whitmore）提出的。下面我们来看看如何使用这个简单而有效的模型。

G代表目标设定（Goal）

见面，和对方一起设定目标。

R代表现状分析（Reality）

用问题来帮助对方确定现状与目标有何不同。

O代表方案选择和潜在障碍（Options & obstacles）

询问对方，我们有哪些方案可以实现从现状到目标的转变。确定在前进的道路上可能出现的任何障碍，以及如何克服这些障碍。

W代表行动计划（Way forward）

最后一步是帮助对方确定下一步要做什么。用提问的方式帮助他们决定如何行动。

为何有效？

GROW教练模型为辅导对话提供了结构，使教练和被辅导者能够通过讨论取得进展。

重要提示

避免滑向导师的角色，直接告诉对方该做什么；或者急于分享你的观点或经验。辅导就是帮助对方为自己设定目标和行动。

GROW教练模型

由格雷厄姆·亚历山大、艾伦·范恩和约翰·惠特莫尔爵士提出。

释义	可能的问题	辅导讨论中 需要注意的关键点
目标设定	● 你的目标是什么? ● 为什么这很重要? ● 你真正想要的是什么? ● 谁可能从这个目标中受益? ● 理想的结果是什么?	
现状分析	● 现状是什么? ● 你的目标距离现状有多远? ● 哪些方面可能需要改变? ● 你已经采取哪些步骤来实现目标? ● 你的目标很迫切吗? ● 要完成目标你需要多长时间?	
方案选择和 潜在障碍	● 你目前的方案是什么? ● 如果你这样做会发生什么? ● 你更喜欢哪一种方案?为什么? ● 你可能会面临哪些障碍? ● 你如何克服这些障碍? ● 如果计划不成功怎么办?	
行动计划	● 你的第一步行动是什么? ● 你将如何实现这一目标? ● 何时会实现目标? ● 你怎么知道自己已经成功了? ● 接下来会发生什么?	

120. 3分钟快速辅导法

辅导是一个强大的工具,它不需要花费太多时间。这种快速的辅导技巧可以让辅导对象思考一些重要的事情,但只会占用你们3分钟的时间。

首先，告诉辅导对象，你偶尔会给他们发一封主题为"快速辅导"的邮件。这封电子邮件旨在鼓励他们独立思考某一特定问题，邮件不需要回复，除非他们真的觉得是有必要的，需要与你讨论他们的想法。

下面是如何利用这3分钟的建议。

教练须知

1. 第一分钟：思考辅导对象的现状。

2. 第二分钟：思考3个问题，这些问题可能会引导他们围绕问题或事件进行思考，例如，"你下学期的目标是什么？""什么样的职业发展对你的教学实践有益？""当家长会临近时，你的团队需要什么样的指导？"

3. 第三分钟：选择一个会让对方感兴趣的问题，用电子邮件发给他们。

辅导对象须知

1. 第一分钟：阅读"快速辅导"主题邮件，决定你现在是否能抽出3分钟时间。

2. 第二分钟：打开电子邮件，阅读问题。写下3个答案。

3. 第三分钟：选择一个答案，然后确定出解决问题的行动或策略。

为何有效？

辅导有多重好处。为了鼓励某人深入思考，有时只需要一个简短的问题。

重要提示

一学期最多只能发3封这样的邮件。你最不想做的事就是让你的辅导对象负担过重，用额外的压力霸占他们的收件箱或头脑。

121. 如何有效指导实习教师

实习教师可能会面临很多困难。以下是10种在学校中有效支持实习教师的方法。

1. 作为实习教师的导师，确保你认为自身训练有素，并准备好提供支持。如果你对任何事情都不确定，就告诉你的上级领导。
2. 为你的实习教师提供一本学校指南和一系列的必备资源。
3. 每周和你的实习教师安排一次会议，形成惯例。
4. 确保你的实习教师在课外有足够的时间来计划、准备和评估。
5. 制订出你在未来一年的辅导计划，并与你的实习教师分享。
6. 为你的辅导对象创造机会，让他们在全校范围内观察各种教学实践。这么做有助于反思。
7. 每天与实习教师联系，即使只是聊两分钟。你永远不知道他们什么时候需要一个解答或者想要在早上看到一张友好的面孔。
8. 及时了解实习教师的最新评估结果。
9. 为取得的进步而表扬他们。实习教师通常对自己要求很苛刻，所以你的一点积极态度都会带来很大的帮助。
10. 留心全年的特殊时刻，如家长会、评估周。随时讨论，并在必要时提供帮助。

为何重要？

卓越的导师能造就卓越的教师。

重要提示

让你的上级领导能及时了解实习教师的进度。

122. 厘清问题

每一个领导者都会时不时遇到一个很难领导的人。他们可能会忽视指令，错过截止日期，表现得高人一等或表现得极不专业。不管是什么问题，领导难相处的人会让你身心俱疲。在你采取行动解决一个问题之前，花10分钟时间理好头绪。

1. **问题是什么？** 准确地定位问题是什么，以及它是否真的需要解决。

2. **问题是什么时候出现的？** 它是暂时的、周期性的还是持续性的？

3. **问题出在哪里？** 用同理心和逻辑思考消除你的个人观点或情绪。

4. **谁能帮上忙？** 也许你需要从这个人的同事或者领导那里得到帮助。

5. **我知道多少？** 确定你是否掌握了整个情况、部分情况，或者你完全不知道问题发生的原因。只谈事实，避免臆断或道听途说。只要稍加思考，你通常就能将事实与虚构区分开，这对于计划一场开诚布公的讨论很有帮助。

6. **计划好讨论的时间和地点。** 避开过渡时间或休息时间，以及学生或同事可能偷听到谈话的空间。

为何重要？

在回应一个问题之前，稍作思考，这会对事件如何展开产生巨大的影响。

重要提示

阅读下一个关于如何组织对话的建议。

123. 有效交谈的八步骤法

在困难的谈话中，我们很容易绕圈子，避开真正的问题（甚至更倾向于完全避免沟通！）。但如果你这么做了，一切都不会改变。不如试试莎丽·哈雷（Shari Harley）在《上班路上的沟通进修课》（*How to Say Anything to Anyone*）一书中提出的八步骤法。

1. 引入话题进行对话。描述你想谈论什么以及为什么。
2. 你可以这样说："这对我来说很难说出口，对你来说可能也很难听。"
3. 描述问题，以"我注意到……"的句式开始。
4. 分享所讨论行为的影响。
5. 问对方："你的想法是什么？"
6. 就下一步该怎么办提出要求或建议。
7. 与对方达成一致。
8. 为对方抽出时间表示感谢，对他说："我知道这次谈话很困难。谢谢你愿意和我交谈。"

为何有效？

为困难的谈话做准备是关键。这种直截了当的方法可以避免不适和模棱两可。

重要提示

记得寻求反馈，但把时间控制在两分钟之内。

124. 当你的同事是刺头

绝大多数的教育工作者都是有活力、有爱心的人，但和其他工作一样，你有时会发现，自己的同事总是千方百计地制造烦恼或麻烦。埃米·莫林（Amy Morin）是一位心理治疗师，著有《精神强大的人不会做的事情》（*Things Mentally Strong People Don't Do*），书中介绍了对付"职场精神病患者"的四种方法。

1. 不要害怕。
2. 保持冷静。
3. 拒绝相信他们编造的故事。
4. 把话题转到他们自己身上。

为何尝试？

和一个刺头同事一起工作，即使是最自信、最坚强的人也会受到伤害。知道如何做，可以帮助你将负面影响降到最低。

重要提示

与上级沟通。尽量避免一对一的互动。

125. 为学校体制服务

使用同样的旧体制、资源或方法可能会扼杀或减缓实现目标的进程。做一个时常回顾和更新方法的领导者。

1. **列出你领导能力的关键领域。** 如果你是一位高层领导，这些内容可能很广泛，可能包括评估、计划、反馈、课程、午餐时间，等等。如果你是一个学科带头人，你的关键领域可能是计划、教学、课程内容、政策或资源。

2. **确定一个需要"服务"的领域。** 例如，如果你专注于评分，则可以为当前的策略服务。问问自己，"该项政策需要更新吗？它是否发挥了最佳作用？"

3. **更换或更新那些已奏效但现在需要升级的部分。** 问问自己，"这方面该如何改善？"

4. **寻找需要改进的部分。** 研究、阅读和变革。收集利益相关者的意见，并尝试修改。

5. **支持和嵌入要做的改变，并向所有同事介绍缘由。**

为何尝试？

如果你什么都不改变，那么什么都不会改变。

重要提示

记住一句老话："如果它没坏，就不要修理它。"确保你不是为了变革而变革。变革必须对教职员工和学生产生积极影响。

126. 制订学校改善计划

制订一个能在关键领域取得成功的学校改善计划，是学校发展的重要组成部分。你的学校改善计划中应该包括什么，更重要的是，为什么？以下是制订有效学校改善计划的建议。

1. 首先要收集所有利益相关者的意见，包括学生、家长、教职员。寻找感兴趣的共同领域。

2. 列出下一年你自己的关注重点。如何与其他利益相关者保持一致？

3. 探索数据告诉你的进步和成就，并利用这些数据来确定学校范围内的优势和发展领域。

4. 重读你之前的审查报告或任何学校督导反馈。

5. 思考政策中的变化如何可能成为一个关注重点。

6. 确保关注的重点涉及对一系列学生群体的影响——例如，弱势学生。

7. 确保任何改进的优先事项都有切实可行的时间表。

8. 思考如何评估行动的进展。

9. 跟随你的直觉。领导们很了解他们的学校，而且经常有一些发展领域让你夜不能寐。如何把这些囊括在你的学校改善计划里呢？

为何尝试？

为了防止你的学校改善计划变成另一份毫无意义的文书工作，把它当成一个深入思考和改进的机会。让它成为一份有价值的文件，引导学校走向正确的方向。

重要提示

制订一个"通俗易懂"的学校改善计划优先版，并在学校展示。

127. 提升领导气质

你的精神风貌是关键，可以为你提供一个总体目标和一个更大的蓝图，让你可以时不时地进行反思。利用这一策略，你可以在10分钟内组织好一种由知识、技能、激情组成的领导精神宣言。

1.　**第1分钟。**用3个形容词填空。

   我们会＿＿＿＿、＿＿＿＿和＿＿＿＿地工作。

2.　**第2分钟和第3分钟。**填入两个核心目标。

   目标是＿＿＿＿和＿＿＿＿。

3.　**第4分钟和第5分钟。**决定如何通过3个简单的行动来实现这一点。

   我们会通过＿＿＿＿、＿＿＿＿和＿＿＿＿来完成目标。

4.　**第6分钟和第7分钟。**决定这些行动将产生什么样的影响。

   结果是，＿＿＿＿＿＿＿＿＿＿＿＿＿＿＿＿＿＿＿＿＿＿＿＿。

5.　**第8分钟和第9分钟。**阅读你的精神宣言，确保你相信你所写的。

为何有效？

良好的领导气质会让你更专注于结果。

重要提示

与团队分享精神宣言。确保当你失去方向或焦点时，它可以带你回到正轨。

128. 停、看、听、列

领导的工作，常常会被学生、家长和同事的干扰所打断。如果你想让别人感到不受欢迎，一个办法就是在他们来你的办公室时继续完成手头的工作，遵循下面这个方法来确保访客能够满意地离开。

1. 停止手头的工作。

2. 抬头看着访客。

3. 听他们说。

4. 把他们告诉你的事情列出来复述给他们听。

5. 如果他们的问题现在不能处理，请告诉他们，你什么时候会回复他们。

为何尝试？

所有的蜘蛛侠迷都知道，能力越大，责任越大。领导者有责任确保他们的团队感到被倾听和被重视。

重要提示

如果你的直觉告诉你，谈话时间可能比你想象的时间更长，你只需简单地告诉对方，你想给这个问题充分的时间。在对方离开你的办公室之前，安排一个更方便的时间与他交谈。

129. 每日完成三件要事

你是高层领导吗？你忙吗？如果第一个问题的答案是肯定的，那么我肯定，第二个问题的答案也是肯定的。当工作量大到让你分心的时候，这个方法会让你集中精力于你的主要目标。

1. 列出你作为领导者的三个关键驱动力——例如，学生成绩、家长参与度和员工福利。

2. 思考一下你每天可以做的三件要事，以保证你的注意力集中在这些驱动因素上——例如，参观教室，查看教学情况，课间出现在操场上，以及每天与教职工联系。

3. 每天通过完成三件要事来保持你的驱动力。

为何尝试？

高层领导很容易被任务和电子邮件淹没，把自己困在办公室或会议中太久。

重要提示

有时候，完成你的三件事可能很困难。原谅你自己，并找到一种方法，让它们成为你这一周余下时间的首要任务。

130. 切莫让学校迎合检查

你多久会谈论一次学校督查？奉行督查至上的领导者，有可能损害学校的福祉，从而使教职工被迫将注意力从孩子们身上转移到督查上，形成一种监督的文化，滋生出一种对评判的恐惧。为了避免让督查成为学校进步的驱动因素，你需要：

1. 谈论与学生息息相关的教学和学习。

2. 嵌入具有明确目标的计划。

3. 参考学生的学习成绩，而不是整个年级组的成绩。

4. 提供有效的教师专业发展培训，以确保团队热爱学习，并朝着精通的方向进步。

5. 拒绝耗时的、无关的、以督查为导向的书面工作。

6. 为你的员工、学生和家长做正确的事情。

为何重要？

学校应该为他们所服务的学生做该做的事，而不是事事为了迎合检查。

重要提示

领导们当然需要考虑督查者的期望，但让教职工专注于学生最终会带来更好的督查结果。

131. 减少教职工的工作量

每个教育工作者都把工作量挂在嘴边，领导者有责任确保学校的所有实践都是值得的。试试下面这些建议来关注教职工的工作量。

1. 询问教职工的工作量。如果可以匿名提交，你可能会得到更诚实的答复。

2. 追踪学科带头人的计划。各级领导都希望取得卓越的成就，但计划需要从大局出发加以监控。

3. 避免最后一刻的观察或审查。任何必要的监测都应该在全年中均匀安排。

4. 意外事件或任务的出现是不可避免的，但调整其他方面的预期将有助于保持平衡。

5. 要注意工作量的爆发点，比如期末考试、写年终报告或家长会。

6. 旧的不去，新的不来。对于每一个新的倡议，问问自己哪些旧的可以放弃。

7. 确保工作量出现在定期会议的议程上。这样，它仍然是全年的优先事项。

为何有效？

领导者能把控全局，因此具备监督和改善工作量的洞察力。员工在工作和生活保持平衡时表现最好。

重要提示

也别忘了关注一下自己的工作量。

工作量考查表

我的工作和生活很平衡				
完全不同意	不同意	有些同意	同意	完全同意

我的上级领导会把工作量考虑在内				
完全不同意	不同意	有些同意	同意	完全同意

在我的职责范围内，要求我完成的工作量是合理的				
完全不同意	不同意	有些同意	同意	完全同意

如果我觉得工作没有必要或工作量太大，我会坦率地与领导谈论这个问题				
完全不同意	不同意	有些同意	同意	完全同意

我觉得我的工作量可以减少			
很多	一些	很少	不需要减少工作量

其他建议

132. 超越专长

教师多久教授一次学科知识以外的课程？这么做可能会让人望而生畏，也会耗费时间，因此，作为一名领导者，如果你必须要求他们超越自己的专长，以下是确保他们在这方面得到支持的方法。

1. 提供培训。如果希望教师教授一门不熟悉的学科，就有必要安排教师参加培训课程。
2. 创建一个教师工具包，包括要教授的关键知识和技能的清单、网站和书籍以及一系列相关资源的清单。
3. 提供充裕的筹备时间。
4. 提供一个导师。应该有人定期支持教师们。
5. 让教师有时间去听课观察、查看学生作业。

为何尝试？

教授你的专业以外的课程会让你感到害怕，并产生额外的工作压力。如果没有适当的支持，可能会对学生的学习结果产生负面影响。

重要提示

对那些在自己专业之外授课的教师给予高度支持，并感谢他们的努力，这将对他们的工作方式产生积极的影响。

133. 准备招聘面试

进行有目的、积极的面试是确保学校和应聘者都能从中受益的一个好方法。面试过程可能是你在与应聘者签约之前了解他们的唯一机会。试着用下面这些面试准备方法来设计问题，让你得到真正需要的信息。

1. 明确你的团队需要的个人素质。例如，如果你有一个充满外向者的团队，也许你需要一个更内向的人来保持平衡。
2. 明确你的团队所需要的专业素质。例如，也许团队缺乏前瞻性的规划技巧。
3. 确定教师类型与班级或群体的贴合度。也许你有一群心不在焉的学生，一群非常能干的学生，或者一群表现出挑衅性行为的学生，为他们找到匹配度最高的老师。
4. 利用你对步骤1、2和3的想法，找出能给你提供所需信息的问题。
5. 在以下标题下列出你的问题：个人素质、职业素质、团队素质。

为何有效？

这种方法可以让你避免使用一般的面试问题，因为这些问题不会帮助你找到你真正需要的团队成员。

重要提示

你一定要问关于安全的重要问题，关于创造性面试问题，请阅读下一个观点。

134. 选择合适的招聘问题

如果你使用同样的老问题，面试会很快变得枯燥乏味。从这些发人深省的问题中挑选一个，让你的应聘者发挥最大的潜能。

- 你对课程评分有什么看法？

- 你怎么看待打分？

- 你怎么看待父母的参与？

- 你对国家课程有什么看法？

- 什么让你心烦？

- 谁曾在教育方面激励过你？

- 谁惹你生气？

- 你认为谁应该对进展负责？

- 你会向谁寻求帮助？

- 你更愿意每天提前一小时让学生放学，还是在周五全天停课？

- 你更愿意提前4周计划所有课程，还是提前一天计划每节课？

- 你更愿意参加学校组织的伦敦动物园之行，还是去当地的森林？

- 你是愿意在一所预算充足但拥有很多挑衅性行为的学生的学校工作，还是在一所预算不多但学生无可挑剔的学校工作？

- 如果你能改变教育的一个方面，那会是什么？

- 如果你必须禁止一种物品带进教室，你会禁止什么？

- 如果你在课堂上一直使用一个短语，它是什么？

- 如果你想引起全班的注意，你会怎么做？

为何尝试?

选择问题来了解应聘者的观点和方法,可以帮助你做出正确的任命。

重要提示

避免对答案有先入为主的想法。每个人对教育都有不同的看法,这些问题可以帮助我们深入了解应聘者的想法。

135. 如何建议采用新想法

尝试新方法可能会感觉有点冒险,甚至是浪费时间,但当它们奏效时,它们会对整个学校产生不可思议的影响。向领导"推销"并不总是那么容易,所以试试这种方法。

1. 不要试图直接和任何人谈论你的想法。让它冷静两天。如果在等待之后你仍然很兴奋,你就知道你的想法有一定的持久力。

2. 研究和阅读。仔细思考。要彻底。

3. 准备好深入谈论为什么你的想法是好的。

4. 想想它会对学生学习、教师和家长产生的影响吧。

5. 所有的想法都有缺点、局限性或症结。预测它们并提前规划出克服它们的方法来帮助你论证你的观点。

6. 考虑反馈。人们对你的想法会有什么反应? 准备你的回应。

7. 拿出30分钟的时间和相关人员讨论你的想法。不要试图跑到他们的办公室和他们分享你的想法——没有人喜欢一个毫无预兆就冒出来的想法。如果你在错误的时间谈论,你的努力可能会白费。

8. 自信地表达你的想法。在你的课堂上寻求主动尝试的机会。

9. 正确尝试，给你的想法一个验证的机会。

10. 预约下一次与领导的会谈，汇报进展以及需要改进的地方。

为何有效？

如果你的想法真的很好，那就去了解它，去实践它，去完善它。事实胜于雄辩！

重要提示

在整个过程中保持交流的开放性，这样你的领导就会对这个想法有新的认识。

136. 采纳团队成员的建议

你的团队是否经常向你提出新的想法？听到他们的想法是令人兴奋的，但当你必须关注学生的学习量并确保他们取得良好的进步时，你该如何选择采取哪些措施呢？这些建议将帮助你做出决定。

1. 当有人向你提出一个想法时，确保他们已经准备好表述他们的目标、行动和主动性的影响，然后你才会同意继续推进任何事情。

2. 做好调研。在你批准之前，确保你知道这项计划的全部内容。

3. 问问自己这两个重要的问题：这个想法会对学生产生什么影响？对老师又有何影响？

4. 决定你是否会推动这个想法。

为何有效？

对于某个计划，在你给它开绿灯之前，需要确保它对所有利益相关者都有积极的影响。

重要提示

如果你要推动这个新计划，可以去掉什么旧的流程来平衡工作量？如果你不同意，向你的同事解释，为什么这个想法现在不能实施。

第 **7** 章

学习环境

我们在校园里花了很多时间：在教室里，在熙熙攘攘的走廊里，在操场上的风景里，在办公室里。(实际上，在办公室里花的时间并没有那么多！)孩子们还在学校度过了他们人生中很大一部分时间。因此，仔细思考教学环境对我们几乎所有人的影响是明智的。

很明显，在狭小、黑暗、杂乱的空间里工作，一周5天，每天8小时，会对我们的幸福感产生影响，原因是不适、过度刺激或刺激不足、光线条件差或通风差。英国商业、创新和技能部委托进行的一项研究表明，员工的主观幸福感较低可能对工作绩效产生不利影响。我的第一手经验(和常识)告诉我，教室和其他学校的情况肯定是这样。简单地说，环境影响幸福感，幸福感影响绩效。如果我们为了给学生带来良好的进步而去优化教学效果，那么我们就需要优化我们的学习空间。

说到把教室变成一个绝佳的学习环境，到目前为止，在我的职业生涯中与我共事过的教育工作者往往要么做得最少，要么全力以赴。但要真正发挥教室的潜力，我们需要超越展板、工作墙和互动界面的概念，从更广泛的角度思考：结构、易得性、氛围和布局。看看下面表格中的单词，给你的教学环境打分，从0到5(0即和我的教学环境完全不符；5即完美地描述了我的教学环境)。

单调的		明亮的		鼓舞人心的	
整洁的		宽敞的		刺激的	
一尘不染的		自然的		一成不变的	
现代的		清晰的		不断变化的	
脏的		混乱的		对儿童友好的	
启发灵感的		光明的		古板的	
黑暗/昏暗的		尘土飞扬的		嘈杂的	
凌乱的		狭小的		宁静的	
平易近人的		舒适的		热情的	
破旧的		简朴的		深思熟虑的	
稳固的		安全的		通透的	

　　接下来，思考一下学校或课堂环境的优缺点。选择3个你想用来描述你的学校或教室的词，问问自己，在有限的物质和经济条件下，你能做些什么改变来创造与你的描述相符合的空间。这样一个简单的反思能帮助我们用全新的眼光看待周围的环境，而一个小小的想法往往会带来灵感。

　　奇怪的是，你只能在很短的时间内看清周围的环境。景物、气味和建筑物很快就消失在背景中。我现在的学校是在一座崭新的大楼里，而我以前的学校是在一座维护良好但很陈旧的大楼里。当我第一次搬到这里时，我被眼前这座闪闪发光的现代建筑震撼到了。我每天都注意到一些新的东西。但当我知道哪些门通向房间，哪些门通向储藏柜（一点也不尴尬）时，我对自己所处的空间的思考越来越少。根据神经学家的研究，我们的大脑通过感官过滤掉不必要的信息。大脑不会试图将我们的注意力转移到周围的一切事物上（这有点让人不知所措），而是选择环境中它认为有用的信息。就我而言，一旦我习惯了新环境（不再走向储藏柜），我的大脑就开始以不同的方式感知空间。我只注意到学校有了新的变化：门厅里有了新的艺术展示品；楼梯上多了摆放帆布鞋的区域；接待室有了一个角色扮演区。

因此，课堂环境的变化需要谨慎对待。想象一下：一间每天看起来都不一样的教室，学生们总是会被周围的环境分散注意力，试图重新建立对空间的理解。另外，如果不改变任何东西，就又会让学生觉得房间里没有生机，没有爱。如果孩子们的大脑会被新奇的视觉刺激所吸引，教师为什么不通过定期搭建有用的工作墙、词汇和图像展板来充分利用这一点呢？

因为我们很忙，这就是原因。

坦率地说，创造一面时髦的工作墙并不一定是最重要的事情。那么，为什么还要加一章关于学习环境的内容呢？好吧，让教室和学校的空间感和视觉效果都很好，同时优化它们的使用，并不是一件难事。

在设计和组织教学空间时，要考虑三件事：你们学校的政策、你的个人喜好和学生的需求。不同的学校有不同的期望，不同的学生也有不同的期望，所以在一种环境下有效的东西并不总是适用于另一种环境。你并不一定非要花很多时间创建一面展示墙。只要稍做一些改变，就可以创造空间，提高我们的教学效率和学生的学习效率，产生比我们想象的更多的积极影响。

137. 设计展示墙

以下建议将教会你如何快速高效地设计出让学生赏心悦目的展示墙。

1. **学生作品**：展示孩子们的作品可以增强学习的自豪感，并为他人提供良好的学习榜样。

2. **学习导向的展示**：少即是多，所以只放对学习有用的东西。我们需要控制工作量——不要浪费时间过度展示。

3. **词汇墙**：展示可供教师和学生在课堂上参考的专业词汇或课文里的关键词汇。

4. **软木照片墙**：有了它，你不需要每次都更换衬纸。它不会破裂，也不会留下难看的钉痕。所以这是一个很划算的选择。中性的颜色意味着学生可以专注于展示的作品而不是花哨的背景。

5. **平衡浅色和亮色**：研究发现，颜色过多或过少都会对学习者产生负面影响。尝试使用浅色的展示墙，并在墙上添加亮色，必要时可以是彩绘墙。

为何尝试？

你可能认为展示墙是在浪费你的时间，但很可能你的学校有这方面的要求。你可以通过研究来确保努力不会白费。

重要提示

展示墙可能很快就会变成壁纸，所以花点时间更新一下。如果领导能够分配时间或支持更新展示墙，就能减少不少的工作量。

138. 设置立体的展示区

厌倦教室里的杂物？可设置展示区来充分利用它们。

1. 思考你当前的基础主题、数学重点题目或英语课文。

2. 创建一个与主题相关的道具、工艺品和书籍的快速清单。如果你们在学习《查理与巧克力工厂》，你可能会想到其他一些罗尔德·达尔的台词、旺卡巧克力、吃不完的石头弹子糖和威利·旺卡的大礼帽。如果你的数学题目是分数，试试分数扇子、木制披萨或蛋糕角色扮演、装着不同颜色鸡蛋的蛋盒，等等。

3. 参照清单上的物品，或使用你（或你的助教）的创作技巧来制作道具或工艺品的模型。

4. 在你的展示品上附上标签或问题提示。

为何尝试？

展示通常是平面的，但立体展示让事情变得有趣。

重要提示

如果你是一个领导者，希望教师们在立体展示区上付出更多的努力，那么应确保给他们一个专门的时间来准备（比如一次员工会议的时间）。

139. 优化教室布局

关于座位安排是争议很大的一个问题！我想说的是：教师如何布置

教室的座位应该是他们自己的选择。以下是一些方案。

1. **传统的横竖排。**横竖排列座位的方式比较传统或"老派",但依然是很多教师的首选。一项关于座位安排影响的研究表明,这种排座位方式会使学生更专注于他们的学习任务。

2. **马蹄形/半圆形。**这样学生就可以和同伴或教师互相对视。研究表明,这种安排会让学生提出更多的问题,但会占用相当大的空间。

3. **成对排列。**让学生两两并排地坐着,这是对传统排座位方式的一种变化,原本是一种考试座位布置,虽然在日常教学中也很常见。它有利于学生合作完成配对任务。

4. **按组排列。**在小学很常见,当你想让学生集体学习时,这很有用。缺点是学生容易跑题闲聊、缺少专注。

为何重要?

你在课堂上如何安排学生,会影响他们的学习,所以这值得思考。

重要提示

记住,座位安排不是一成不变的。你总是可以将多种方式混合起来,移动桌子来适应特定的任务。

140. 为学生安排合适的位置

给学生安排座位似乎是一项不可能完成的任务。个性冲突、同伴影响、学习动机和特殊教育需求都要考虑在内。你可以使用这些反思提示来开始。

1. **心中有数。**在你决定学生的座位之前，先画出教室的座位布局。

2. **谁坐在前排？**有视觉或听觉障碍的学生通常需要离教师更近一些。患有自闭症的儿童可能更喜欢坐在前面，因为不用承担更多的感官压力（请参阅第4章关于自闭症的更多内容）。而破坏性强或容易分心的学生可能也会被安排在最前面。

3. **谁需要靠门坐？**有些学生可能需要经常离开教室，那些经常迟到的学生可能会喜欢坐在门边，这样他们就可以不影响其他同学。

4. **谁和谁能很好地合作？**如果你很了解这些学生，你就更容易安排配对。你也会知道哪些孩子不太可能很好地合作。

5. **能力是一个考虑因素吗？**将能力不同的学生放在一起的好处更多。你需要考虑的是，哪些学生会互相帮助，哪些学生可能因学有余力而格格不入，无法从混合小组中获益。

为何尝试？

仔细思考座位的安排，你就可以省去在上课时调整学生座位的麻烦。

重要提示

在一学期中不断变换座位，这样学生们就可以体验到互相合作的感觉。所教的科目也是一个考虑因素。

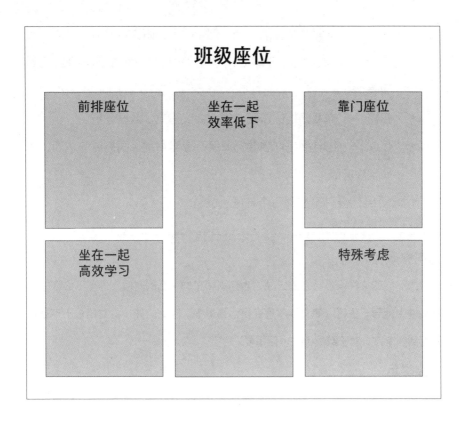

141. 整理办公桌

研究表明，在杂乱的空间工作可能会产生焦虑。工作接连不断，教师的办公桌自然超负荷，所以试着用这个方法来让你的工作空间尽可能干净整洁。

1. 选用一个五斗抽屉柜或收纳筐。

2. 给它们贴上标签：

   - 待办事项——你需要采取行动的事项，例如表格、信件、清单。

- 阅读——你需要关注的东西，例如政策、研究、文章。

- 保存——你很快就会需要用的重要文件，例如家长的约见时间表。

- 归档——需要归档的东西，例如会议笔记、数据分析。

- 存放——纪念品或你想要扔掉但不想当着别人面扔掉的东西，例如学生的照片、卡片。

3. 每周留出10分钟来整理每个抽屉/夹层。

为何有效？

为不同的文件设置特定的区域，当你需要某样东西的时候，你就不必在一大堆文件中搜寻，也可以使文件清理变得容易得多。除此之外，将文档置于不被轻易看到的地方，对于数据保护也很重要。

重要提示

在一天结束之前，一定要找时间整理一下你的办公桌。没有什么比在凌乱的办公桌上开始新的一天更糟糕的了。

142. 整洁的教室

当你和30个孩子共用一个工作空间时，杂物会迅速堆积起来。这里有一些快速解决的方法，可以让你的教室变整洁。

1. 花5分钟有目的地评估你的空间。注意红色区域（极端杂乱）、棕色区域（有些杂乱）和绿色区域（没有杂乱）。

2. 从红色区域开始分析，是什么造成了杂乱？

3. 与全班同学分享你的发现——毕竟，教室不属于某一个人，而属于大家。

4. 向他们解释，你需要每个人都努力确保所有的空间整洁，谈论这样做的积极影响。

5. 要求班干部或其他孩子来关注混乱的区域。当杂物开始堆积时，他们应该向老师报告。

为何尝试？

干净的空间更有利于学习。

重要提示

每学期结束时，花10分钟清理教室。你将以一个清洁的空间和清晰的头脑开始下一个学期！

143. 简化教室设施

桌椅、柜子、材料都会造成杂乱。但是，哪些该保留，哪些该重新安置，哪些该扔掉？

1. **桌子和椅子。**数一数教室里的桌椅。我曾经发现有3张不必要的桌子和6把不必要的椅子——这些占据了很多空间。和后勤部门联系，将它们移出教室。

2. **存储空间。**探索你教室里的柜子。是否可以移除它们，从而为学生提供更多的空间？

3. **未使用的材料。**多年来，教室里经常收集材料，每位老师在他们前进的道路上留下一笔又一笔"遗产"。在你的教室里筛选材料，问问学生他们从来没有使用过什么。多余的材料可以和同事一起安置，或者送到慈善商店。

4. **书籍、游戏和其他物品。**保留撕烂的书或残缺的玩具是没有意义的，所以检查教室里的书、游戏和小装饰品。你很可能会发现一些藏在旧材料堆下或藏在柜子里的宝藏。如果你在清理垃圾的时候发现了什么有趣的东西，一定要把它放在显眼的地方，让它容易被找到。

5. **把东西带回家。**做太多的工作只会把事情弄得一团糟。学生们可以把在课堂上创作和完成的作品带回家。

为何有效？

简化你的教室可以为重要资源腾出空间，使其得到有效利用。

重要提示

明智的做法是，在你处理之前，先与高层和相关领导商量一下，以防万一。

144. 美化图书角

你的图书角只有一堆靠垫和一堆书吗？以下是如何改造这些空间的建议。

1. **营造一个舒适的区域。**用靠垫、坐垫、悬挂的织物或一张小沙发来营造出一个舒适的、洞穴般的区域，吸引读者。

2. **买些好书**。这听起来好像多此一举，但是如果不能引起全班的兴趣，图书角是没有用的。学校领导可能需要为此提供一个预算，或者你可以倡导家长或书店捐赠。

3. **图书篮子互换**。将选定的书籍放入一个篮子里，每学期安排班级间的篮子交换，以保持阅读材料的新鲜度。你可以给所有的书贴上所属的名字，并在你的篮子里放一个书单，这样它们就不会被混淆了。

4. **图书预告**。每周阅读一本好书的摘录或简介。把书放在书架上，如果学生受到"预告"的启发，可以邀请他们深入阅读。

5. **分类整理**。以一种有意义的方式整理，比如按体裁或作者分类。

6. **安静工具**。在嘈杂的环境中看书很难。在图书角放一篮耳机，当学生想安静阅读时，就会戴上。

7. **"读我吧"卡片**。选几本你认为学生可能会喜欢的书。通过写一两句有关每本书中的人物或事件的句子，来制作"读我吧"卡片。把它们塞进书的封皮里。

8. **评论**。在展板上留下一张图书评价表（见下页），让学生给他们在图书角读到的书打分。

为何尝试？

如果你想设置一个图书角，那就让它更吸引人、更有效果。

重要提示

指定两个孩子为"图书角管理员"。他们可以确保书籍排列整齐，为图书预告选择合适的文本，并密切关注谁在阅读哪本书。

图书评价表

书名/作者	星级评分	评论人

145. 让学生充分利用课桌

很显然，课桌是用来放书写字的，但学生们还能用它做什么呢？尝试使用以下方法来促进学习。

1. **在课桌上画画。**大多数课桌都可以用白板笔在上面画画，需要时可以很容易地擦掉。学生们可以在课桌上做笔记、做演算或画形状。

2. **用纸盖住桌子。**如果你不想直接在桌子上画画，可以在上面铺些衬纸。学生可以在上面做笔记，而不受篇幅大小的限制。

3. **站在课桌旁。**对于某些课程，站在课桌旁要方便得多。有趣的是，我教过不少喜欢站着学习而不是坐着的学生。如果这对他们有效，要我说就依着他们吧。

4. **用胶带在桌子上做数学作业。**使用胶带来制作线条，可以方便地识别和测量角度，计算面积和周长，或者探索线的类型。

5. **用胶带来标记界限。**当学生共用一张桌子时，有时会引起争执。用胶带把桌子一分为二，设置界限，会很有帮助。

为何尝试？

这些想法能够帮助你厘清学习的方式。

重要提示

想想你桌子上放的东西。学生们可能需要材料，但大量的材料恰恰妨碍了他们。

146. 开门授课

你会开着教室的门授课吗？虽然噪音污染是一个明显的问题，但敞开门教学有多种好处。

1. 同事们会很乐意进入你们的教室。
2. 参观者可以小心翼翼地进入，这样你的学生就不会感到惊慌。
3. 当高层领导想要参观教室时，他们不会觉得自己打断了课程。
4. 当你的学生、领导或同事来来往往时，你不会被不断的开门和关门所打扰。
5. 让教室和走廊成为流动空间，让学生在走廊轻松学习。

为何重要？

当然，开门文化并不是简单地让教室门开着就产生的。高层领导有很多工作要做，以建立学校文化，促进开放和信任。领导者必须考虑监控和评估机制，问问自己，这些机制会如何影响团队和员工个人。然而，也许实体上的门户开放有助于创造一种开放的文化。

重要提示

如果你班上有防火门，或者你班上有听力障碍的学生，让门敞开可能不是一个好办法。

147. 打造走廊学习空间

你是否经常把走廊作为额外的学习空间？如果你想利用走廊学习，这里有一些方法。

1. **做好准备。**确保你有一个走廊的空间可以用来学习。放置好本课程所需的所有材料，包括用于书写的地方和坐着的地方。

2. **通知并选择学生。**有些孩子会非常喜欢在走廊里学习——只是要确保他们喜欢的理由是正当的，只有你同意了他们才能去。

3. **密切关注他们。**敞开教室门，定期监控走廊学生的学习情况。

为何尝试？

教室可能会变得狭小，有时甚至变旧，嘈杂和喧闹可能会让一些学生渴望退到一个更安静的空间。作为一个领导者，我喜欢看到学生在学校不同的环境中学习。

重要提示

明智地选择时机。把走廊当作教室的延伸并不总是管用的。

148. 打造绿色空间

你的学校或教室里有植物吗？多项研究表明，盆栽植物对员工有积极影响，包括减少健康问题、增加出勤率和提高工作效率。尝试一下这些小建议吧。

1. 确定植物种类。绿色植物、非洲紫罗兰、虎尾兰、仙人掌、无花果或吊兰都是不错的选择，它们看起来很漂亮，也很容易养活！

2. 从为每个班级提供一盆植物开始。

3. 在走廊和办公室接待区增加大型盆栽植物。

4. 与同事分享交流成果。

为何尝试？

植物可以让教室空间看起来悦目舒适。

重要提示

每周安排一些学生给植物浇水。

149. 明亮通风的空间

新鲜空气和自然光线真的对学习有那么大的影响吗？研究表明，它们可以。学生的注意力会因其变得集中、行为不断改善，考试成绩也会逐步提高，这种不花钱的方法确实值得一试。

1. 把百叶窗或窗帘打开。

2. 让窗户敞开着。

3. 只要没有噪音，就让门开着，让空气流通。就是这么简单。

为何尝试？

皮质醇（应激激素）升高与阳光照射程度较低有关，而缺乏新鲜空气则与低幸福感相关。

重要提示

养成一到教室就打开窗户和百叶窗的习惯。

150. 在教室之外教与学

学习环境可以延伸到教室之外，在不同的空间学习可以提高学生的积极性。大多数学校都有一些户外场地，有些学校也很幸运，可以让师生欣赏到美丽的绿地。

以下是儿童与自然网提供的一些在户外进行教与学的理由。

1. 激发学生的创造力，提高他们的创造力。

2. 呼吸新鲜空气，享受大自然，同时提高学习成绩。

3. 提高学生的注意力。

4. 提高学生的学习热情。

5. 增强学生对冲动的控制能力。

为何重要？

多项研究表明，花时间接触大自然对提高学习成绩有好处；更多信息请访问儿童与自然网（childrenandnature.org）获得。

重要提示

在备课时，问问自己，如何（有意义地）增加在教室之外的教学活动。

151. 角色扮演活动区

你需要有关角色扮演活动的灵感吗？这里有六条建议。

1. **把家长拉进来。**可能有父母或监护人可以帮忙创建角色扮演区。木匠或园丁可能有适合的道具，或者能够为你制作一些特别的东西！

2. **开展与阅读、写作和数学相关的角色扮演。**例如，在咖啡厅的角色扮演区，你可以为前台员工提供收银机和"钱"，为服务员提供记事本，甚至可以制作自己的菜单模板。

3. **保持真实。**使用真实的物品、道具和工具（只要是安全的），这意味着你不必购买或重新制作材料。

4. **发挥创造力。**试试创造各种场景，像宠物美容院、空间站、花园、咖啡馆、糖果店、工厂、城堡、森林、面包房、海滩、健身房和消防站等。你也可以尝试建构没有主题的角色扮演区，提供广泛的材料，让孩子们建立自己的场景。

5. **示范。**通常，学生参与扮演的角色与他们的现实生活经验有关，但如果角色扮演的环境是完全陌生的（让我们面对现实吧，不是所有4岁的孩子都去过理发店或海滩），他们可以借鉴的经验就很有限。为了解决这个问题，可以向他们讲述对应场景发生的故事或轶事，并给他们做示范。

6. **当众表演。**如果你发现有些角色扮演非常精彩，要么把它拍下来，要么问问孩子们是否愿意在同伴面前表演。

为何尝试？

孩子们喜欢玩过家家，利用他们的想象力学习更多关于真实世界的知识。

重要提示

拍下角色扮演活动的照片，简要回顾一下它们为什么很成功，以此作为未来创作的灵感。

152. 户外学习

户外环境通常被认为在早期教育中起着重要的作用。那么，你怎样才能提高孩子们的户外生活水平呢？

1. **户外图书角。**确保你在外面摆放大量的书籍。这些书可能与所学科目或正在学习的概念相联系，并可以策略性地放置在关键区域。

2. **通过探索点燃好奇心。**在户外放置一些神秘或有趣的东西，让孩子们去探索，可以提高他们的动机，鼓励他们去探究和玩耍。记住，任何放在学习空间的东西都应该有目的性。

3. **创造各种机会。**提供一成不变的活动来发展早期学习目标是很容易的。通过定期分享如何利用户外空间最大限度发挥学习潜力的想法，来保持学生对户外的新鲜感。

4. **走近绿色。**为户外环境带来尽可能多的绿色。你可以规划一个种植区，让学生观察草药和其他植物的生长情况。

5. **混淆性别。**不要总是把卡车和挖掘机放在沙坑里，或者只是把娃娃放在娃娃屋里——把房子里的恐龙和早教玩具泥巴厨房里的仙女混在一起。这样，所有的孩子都会觉得自己可以随时去玩所有区域的各种玩具。

为何尝试?

反思如何保持户外学习空间的新鲜感和刺激感，可以重新激活儿童的自主学习能力。

重要提示

开动脑筋，发挥创意。

153. 和同事分享想法

老师们通常使用独特的风格和有趣的方式来布置他们的课堂，但是时间的限制意味着他们很少有机会去探索同事们的课堂，并分享实践。如果你需要灵感，为什么不提议把课堂探索作为内部会议的一部分，看看能从同事那里学到什么呢？请使用以下提示。

1. 同事是如何做的?
2. 环境是如何促进学习的?
3. 有哪些可用的书籍或资源?
4. 是否存在交互区域?
5. 教室布局如何影响对环境的感觉?
6. 我可以尝试哪些想法?

为何有效？

向同事学习可以帮助你找到需要的所有灵感和动力！

重要提示

记住，每个人都是不同的。把这次经历当作一次激发灵感的机会，而不是互相攀比。

154. 校园艺术展示墙

你们学校展出了多少件艺术作品？这里有五种方法，可以充分利用走廊和学习空间中的艺术品。

1. 请全体职工投票选出想要展出的艺术名作。选出6到8件来自不同领域的著名和名不见经传的艺术家的作品。你也可以把当地艺术家的作品涵盖进去。

2. 决定在学校什么地方展出艺术作品。就此与现场负责人保持联系。

3. 购买艺术海报或印刷品之类的，也可以买一些简单的相框。A2大小的海报看起来很醒目。

4. 让教职员工或学生在作品旁边的展示卡上写一段简短的评论。

5. 举办一个大会来宣传新作品。展示每一件作品，让孩子们在学校里看到它们。讨论作品的内容和背景，并分享有关艺术家的信息。

为何有效？

接触艺术家及其作品是一个促进艺术学科发展和增加学生知识的好方法。

重要提示

每个班级都可以投票选出他们最喜欢的艺术作品，在作品的启发下创作自己的作品，并在学校里展示。

155. 来访者的第一印象

第一次到访你学校会是什么感觉呢？使用"反思、联系、尊重、回应"的策略来思考你给对方留下的第一印象。

1. **反思。**写下你希望来访者在学校获得的理想体验。想想你希望他们第一眼看到什么，听到什么，闻到什么，想到什么。也许你想让他们看到许多学生的作品，一些媒体报道或教师的照片。为来访者制作一份"欢迎来到我们学校"的问卷，并提出一些问题，诸如"当你进入学校时，你首先注意到的是什么？""办公室的工作人员对你的欢迎程度如何？""你看到学生作业了吗？""你一进门是否有一种干净而明亮的感觉？"

2. **联系。**请当地其他的教育工作者来参观，向他们解释你想获得有关"来访者的第一印象"这个问题的看法。与他们分享你的"欢迎来到我们学校"问卷，并询问他们的真实观点。

3. **尊重。**感谢来访者的意见和建议。反思他们的回答。

4. **接受反馈并做出相应的回应。**无论你是在墙上挂些艺术品，还是减少入口区域的杂乱，都要确保利用这些反馈意见来改善校园环境。

为何尝试?

因为第一印象真的很重要。看惯了周围的环境,人们会容易变得麻木。

重要提示

确保接待访客的员工真诚、友好、乐于助人。关于这一点,请参阅下一个工具。

156. 热烈欢迎来访者

谁负责欢迎接待来访者?即使你拥有了全宇宙最干净、最吸引人的空间,但是人是最重要的。确保接待人员对于来访者始终保持热情。

1. **问候。**应该及时而有礼貌地招呼客人。没有什么比躲在桌子后面盯着电脑屏幕对访客视若无睹,更不受欢迎的了。一个微笑和一句"你好,请稍等一下"就能起到很大的作用。

2. **乐于助人。**来访者到接待处往往需要些东西。确保后勤接待团队尽一切可能提供帮助,即使只是简单地传递信息或找到其他可能提供帮助的人。工作不分大小。

3. **熟悉到访常客。**要求后勤接待团队确保与学校的常客亲切相处。知道他们的名字和来访的原因可以给人留下良好的印象。

4. **打开门。**办公室里的滑动门是一个物理障碍,可能让人感到不受欢迎。如果一定要有门,那就打开它。

5. **保持电话畅通。**确保电话有人接听,但前提是谈话不会突然中断。如果有电话要接，询问对方是否介意等一会儿。

为何尝试？

后勤接待人员往往是学校的门面，团队在遇到家长、不熟悉的员工或访客时，应体现学校的价值观。

重要提示

记住对后勤团队表示感谢，他们对学校的运作至关重要。

157. 愉快的用餐环境

厌倦了嘈杂或混乱的就餐环境？尝试这些想法，创造一个午餐天堂，提供一种社区意识，更容易保持清洁。

1. **为餐饮主管提供培训——他们的角色是关键。**如果他们觉得自己准备充分、得到了支持，午餐时间就会平静得多。
2. **播放背景音乐。**这就为用餐空间营造出一种安静的氛围。
3. **不要指望完全安静。**这是不现实的，也是令人不悦的。
4. **制定明确的规则，并确保每个人都知道。**确定一些就餐守则，并在教职员工和学生中分享，这样，任何行为问题都可以通过参考守则来解决。
5. **和学生们一起享用午餐吧。**这可以让你和学生建立融洽的关系，为其示范良好的用餐礼仪。
6. **设置一个光荣桌。**这张桌子可以留给那些在一周内取得突出成绩的学生。餐桌可以用餐具、鲜花和一篮南瓜装饰。

7. **鼓励学生们餐后打扫卫生。** 他们应该经常清理盘子，擦桌子。

8. **购买一些可以放提示卡的架子。** 卡片上面印有用餐礼仪和一些健康的饮食提示。

为何尝试？

因为用餐空间很容易变得混乱。

重要提示

请相关负责人就如何改善餐厅的美观性向学生们征集意见。

158. 安全感空间

如果你的学生没有安全感，他们可以去哪里？一个有安全感的空间可以确保每个孩子在感到不安、不知所措或担心时都有一个可以独处的地方。下面教你如何充分利用你的安全感空间。

1. **评估空间。** 房间是否方便、温馨、舒适？

2. **安全感空间里有什么？** 提供一系列分散注意力的东西（游戏、书籍、找词游戏等）。

3. **为该区域配备工作人员。** 你如何确保当一个孩子进入安全空间时，有成年人可以帮助他们？

4. **保证安全性。** 听起来多此一举，但一定要确保柜门上锁，房间里没有危险物品，并配有监控。

为何尝试？

即使是支持齐备、最有序的学校也会让一些孩子感到害怕。每个孩子在学校都应该感到安全。

重要提示

确保学生（特别是那些容易受伤的学生）知道有一个安全的空间。向他们展示空间，并解释如何使用它。

159. 教工休息室

你们学校的教工休息室新鲜、有趣吗？以下是一些有用的建议。

1. 确保教工休息室没有堆放杂物。扔掉那些没有人要的东西。

2. 保持干净，让它成为每个人都想使用的地方。

3. 为教工特别活动或社交聚会创建一个照片墙。

4. 保持它的社交空间属性。除非绝对必要，否则不要展示太多与工作相关的材料或管理信息。人们来到教工休息室是为了放松和小憩半个小时，缓解工作压力。

5. 创建一个"借阅架"。可以放些虚构和非虚构类的书籍，供教职工在闲暇时分享。

6. 提供舒适的座位。

为何尝试？

为教职工提供一个轻松和愉快的空间，让他们享受一些不被打扰的自由时间。

重要提示

经常在教工休息室里放些饼干和水果，会让它变得更诱人。哦，还有美味的咖啡！

心理健康和幸福感

谈论心理健康会让人产生恐惧、不适，甚至产生羞耻感。长期以来，围绕心理健康的问题一直被视为禁忌，但心理健康问题并不只是影响一部分人，可以说，有时它会影响所有人。每年，每4个成年人中就有一个至少出现过一次心理健康问题。关于教师的研究说明了什么？2019年度教师幸福指数研究报告发现，78%的教育专业人士因工作经历过行为、心理或身体上的问题，34%的人在前一学年经历过心理健康问题，84%的高层领导遭受工作压力。除了管理自己的心理健康和幸福感外，学校工作人员还必须支持他们所照顾的学生（有时也包括他们的家人）的心理健康和幸福感。压力太大了。

尽管公众对心理健康问题的看法发生了很大变化，但不可否认的是，一些偏见依然存在。2014年的一份研究报告指出，39%的英国成年人认为，有精神疾病的人有暴力倾向。这种根深蒂固的偏见需要很长时间才能消除，而如果没有公共教育和对有需要的人增加支持帮助，这是不可能实现的。虽然对心理健康服务的投入一直不足，但是心理健康似乎变得越来越重要。到2023年，英国国家医疗服务体系每年将获得至少23亿英镑的资金，这将额外帮助200万人获得高质量的基于循证医学的心理健康服务。同比国民保健服务的总体资金和心理健康总支出，儿童和青少年心理健康服务的增长速度将更快。与此同时，由慈善机构发起的各项运动，正在努力改变人们的观念，以终结对精神疾病患者的歧视。

从个体层面来说，帮助减轻这种偏见的一种方法是更仔细地思考他们使用的语言。我们经常会听到"你疯了吗？"或者在课堂上说"她有病"之类的话吗？这类语言，虽然通常不是有意冒犯，却使有害的刻板印象永久化，使患有精神疾病的人感到好像他们的状况是可耻的。我们都需要承诺，避免使用这类语言。

想想这样一个社会，我们可以公开讨论影响心理健康问题的因素。例如，众所周知，童年时期遭遇的不良经历会对健康和行为产生终生影响，包括家庭暴力、父母遗弃，成为被忽视或虐待的受害者，以及父母有精神疾病。尽管贫穷本身并不导致心理健康问题（记住，在经济上精神疾病患病对象没有选择性，这一点很重要），但它会使管理心理健康问题变得更具挑战性。有证据表明，低收入家庭的孩子比高收入家庭的孩子罹患心理健康问题的可能性高出3倍。斯特林大学的莫拉格·特雷纳博士（Dr. Morag Treanor）的一篇博文阐述了贫困与儿童期不良经历（ACE）之间的联系，我认为所有的学校都应该思考这一点：

虽然大多数生活在贫困中的儿童没有受到多重心理健康问题的影响，但有相当一部分拥有多重心理健康问题的家庭经历了贫困。当贫穷和心理健康问题同时出现时，1+1>2。如果一个儿童患有心理健康问题，同时又生活在贫困中，就会产生长期的创伤或有害压力，这对儿童的童年是毁灭性的，并会持续到成年。心理健康问题和贫困的结合带来的创伤，使儿童更有可能在一生中经历程度更深、更持久的贫困，并延续到子孙后代。

社区在帮助年轻人克服心理健康问题方面可以发挥重要作用。如果我们想要从社会层面上成功地解决这些问题，就必须质问那些可能加剧这些问题的制度。例如，在学校，我们需要深刻反思衡量进步的方式。我们需要思考，一些学校减少或完全缺乏艺术类课程带来的影响。我们需要理解，为什么学校感到如此巨大的压力，以至于他们缩小了课程范围，或者让学生退学。我们需要探究为什么学生的行为有时如此具有挑衅性，以至于教职员工会害怕学生。我们需要调查为什么72%的教育从业者认为自己压力很大，而60%的人缺乏向雇主披露心理健康问题或无法控制的压力的信心。我们需要讨论，为什么一些学校忽视了这样一个事实，即他们的一些做法可能会导致教职工和学生的心理健康问题。

我并不是说任何一所学校都有意助长心理健康问题。然而，在一些教育环境中，如果我们想要改善学生和教职员工的心理健康，可能会有一些做法是不合乎需要的。我们需要超越某些环境下必须做出的决定，而去思考做出这些选择的原因。当我们开始研究这些原因时，我们可能会发现，许多决策都是为了应对来自学校外部的压力。

这简直是自找麻烦。

大多数教师能够认识到支持学生心理健康的重要性，但由于缺乏专业培训以及人员的配备问题，许多教育工作者对识别和支持学校的心理健康问题感到无力。这给本就极具挑战性的工作增加了更多压力。我应该寻找什么？如果我没有注意到心理健康是一个问题怎么办？如果我不能帮助他们怎么办？如果我说错了什么怎么办？许多学校几乎没有相关的培训，难怪有些老师会把心理健康问题视为雷区。

如果你想加深对青少年及儿童心理健康的了解，培训课程是必须的。那里有不可思议的人，做着不可思议的事情，英国心理健康急救中心开设的课程就是一个很好的起点。精神健康活动家娜塔莎·德文和精神健康专家普奇·奈特史密斯博士（Dr. Pooky Knightsmith）是这方面的专家。

如果我们能够开发、采用和教授改善幸福感的方法，我们就能够更好地保护自己和学生免受心理健康问题的影响。问题是，积极的幸福感并不是凭空产生的。照顾我们的心理健康需要精力，然而我们并不总是花时间或精力去投资于我们的健康，即使我们知道它有多么重要。这是为什么呢？心理学教授、行为经济学家丹·艾瑞里（Dan Ariely）研究了为什么我们会做出与生活、健康和幸福相关的"非理性"选择。他的工作为人类行为和动机提供了引人入胜和与众不同的见解。如果你有时间，看一看他的TED演讲或读一读他的书是很有必要的。

另一个重要观点由艾德里安·白求恩（Adrian Bethune）提出，我们必须像应对飞机失事那样对待幸福和心理健康：先给自己戴好氧气面罩，然后再帮助你身边的人。如果你不采取必要的措施照顾自己，你将无法照顾好你的孩子。保护自己的心理健康和幸福不是一种放纵或奢侈。这是必须的。

社会知道教师们承受着压力，但我并不总是确定社会理解了这一点。因此，我们才是需要负责教师福祉的人。这不仅是减轻教师的工作量，而且远比提供瑜伽课程和免费蛋糕更有意义。我们要创造一种文化，让教师感到自己真正得到了支持、理解和重视。放弃完美，拥抱反思。你知道如果你说"我今天过得真的不太好"，你周围的人会接纳的。

在这一章中，一部分是关于教师幸福的观点，不要跳过它们。剩余的观点可以帮助领导者在学校里培养积极的心理健康文化，并帮助教育工作者关注改善学生的心理健康和幸福感。

对我的心理健康有积极的影响 （例如和朋友在一起的时间， 锻炼身体）	对我的心理健康有负面影响 （例如工作到深夜， 花太多时间在社交媒体上）
1	1
2	2

　　思考一下你自己经历上表中事情的频率和它对你的影响。就我个人而言，我非常清楚影响我心理健康的积极和消极因素，但我需要更加自律，去做那些让我感觉良好的事情，避免那些让我感觉糟糕的事情。自我意识是第一步，采取行动是最大的一步。如果不检查自己的健康状况，你就会面临情绪和身体过劳的风险。不要等到事情发生了才行动。

160. 早点下班

教师（或学校领导）在工作和生活之间找到平衡是非常具有挑战性的。工作吸引着你，说到改善学生们的生活，你似乎总能做得更多。如果你觉得你工作和生活的平衡出现了问题，试试下面简单快捷的方法来调整你的平衡。

1. 选择一周中没有会议的一天。
2. 早晨的时候，列出最多5个两分钟的任务，在下班之前完成。这些任务要简单明了——例如，整理桌子、回复邮件、把早上的书放好、列一张明天的待办事项清单。
3. 在一天结束，当孩子们离开的时候，设定一个10分钟的计时器。
4. 在这段时间里，尽可能快地完成你的任务。
5. 当计时器响了，就是该回家的时候了——即使清单上还有事情要做！

为何有效？

你会惊讶于自己能在10分钟内完成多少"快速工作"。结束容易完成的任务后，你就可以早点离开。

重要提示

告诉你的同事，今天你会早点回家。这样的话，如果你逗留太久，他们可能会提醒你应该离开了。

两分钟任务

日期:			
	任务	完成	未完成
1			
2			
3			
4			
5			
回家时间			

161. 缩短在家办公时间

你是否经常工作到深夜？我们不需要细数这对你、你的家庭和你的教学有什么负面影响，但我们确实需要找到让大脑摆脱工作模式的方法。假装教育工作者永远不需要在家工作是没有用的，但在工作量发生重大变化之前，可以尝试一下这些技巧。

1. 写下3件你在家花最多时间做的事情。想办法把这些内容列入在校时间里。调整你在学校的时间，减少你带回家的工作量。

2. 和你的上级领导或团队谈谈那些占用你大量空闲时间的工作。这对其他人来说也是一个问题吗？可能需要做出哪些改变？

3. 向同事请教，"你是如何管理评分/计划/报告的？"你可能会发现你错过了一两个窍门！

4. 在你回家之前，列出第二天或下一周的优先事项清单，为每一项任务设定大概的时间。决定哪项任务需要在明天之前完成，然后把这项任务带回家。

5. 为工作规定一个时限并坚持下去。设置闹钟，时间一到就停下来。

6. 至少有一个工作日不需要在家里完成任何工作。

7. 列出3件你喜欢在家里做的事情，例如，给你最好的朋友打电话，探望父母，和孩子们一起读书，涂指甲，遛狗。把这些事情作为优先事项，完成后就把它们从你的清单上划掉（请参阅下一个方案）。

为何重要？

在英国教育部2019年的教师工作量调查中，12名教师和中层领导报告称，他们在周末、晚上或其他课余时间的平均每周工作为12.8小时。高层领导的平均工作时间为12.3小时。这太过分了。

重要提示

如果你经常工作到深夜，你需要和你的上级领导团队谈谈。精力耗尽是真实存在的。你需要寻求帮助。

162. 优先考虑你的个人生活

当有人问你生活中最重要的事情时，你可能会谈到你的家人、朋友和爱人。尽管如此，我们经常不能把这些人放在优先考虑的名单上，因为我们的头脑中充满了与工作相关的任务和项目。你可以用一个"优先计划"来扭转这一局面。

1. 列出1到6个你认为在你生活中最重要的人。
2. 对于每个人，列出一个与你们两人有关的每周愿望，可以是任何事情，从一个简短的短信到周末旅行。例如，"这周，我想花些时间和我的儿子一起搭乐高积木；我想和我的朋友见面喝杯咖啡"。
3. 思考实现这个愿望对你和他人的影响。
4. 计划一个你能实现愿望的日期和时间。可能需要与相关人员进行协调。
5. 把愿望写进你的学校日记里。将这个愿望置于一周中可能出现的其他任务的前面。
6. 尊重这个愿望，即使你觉得很忙，或者你正想着工作任务。

7. 想想实现愿望让你感觉如何，你下周可能会做什么。

为何有效？

与工作目标一样，如果我们不计划并证明我们个人的优先事项是合理的，那么这些目标就不太可能实现。每周花几分钟来计划会迫使你分清轻重缓急。

重要提示

别忘了优先考虑你自己！理发、预约牙医、安静散步或阅读时间也需要计划到你的生活中。

163. 学会说"不"

你是否发现自己明明很想说"不"却偏偏说了"是"？有时候，说"不"（或者至少是"让我想想"）从长远来看会更有成效。教育学教授多丽丝·桑托罗（Doris Santoro）谈到了教师离开这一职业的主要原因——无法说"不"。以下是你应该说"不"的7个时刻。

1. 当你去开会的路上，有人想"占用你一点时间"时。
2. 当你没有时间去完成一件事，从而影响了你的心理健康时。
3. 当你不具备完成工作所必需的技能时。
4. 当你觉得某项要求违背了你的道德准则时。
5. 当你被要求做超出你体力所及的事情（比如举重、徒步旅行等）时。
6. 当有人问你对某事是否满意而你却不满意时。

7. 当有人问你是否完成了一些你没有时间去做的事情时。

为何重要？

在你想说"不"的时候说"是"，这对你自己或提出要求的人都是不公平的。通常情况下，当同事向你提出要求时，他们的意图是好的，所以如果你有任何理由不能满足对方的要求，诚实是至关重要的。

重要提示

如果你不确定你的答案是肯定的还是否定的，那就给自己合理的时间来思考这个请求。记住，说"不"并不一定意味着全盘拒绝，你可以尝试说"我真的不行，我担心……"或"我之后再和你联系"。

164. 学会放下，别再纠结

你是否发现自己对工作中的事情想得太多了？当一次互动或经历在回家后依然困扰着你时，它会让你感到不知所措、沮丧和焦虑。试试下面的方法。

1. 留出15分钟来反思这件事。
2. 想想发生了什么事让你感到沮丧。用一句话把它记下来。
3. 问问你自己，为什么这让你如此困扰。用一句话把它写下来。
4. 问问自己下一步要做什么。想3个步骤，把它们写下来，一步一个句子，包括可能需要涉及的任何利益相关者。
5. 阅读以上步骤，确认你对计划采取的行动感到满意。

6. 把这张纸叠好，放在外套口袋里，以备第二天用。

7. 晚上分散一下注意力，和朋友聊聊天，看看你最喜欢的电视节目或者读一本好书，因为你知道下一次你会处理好这种情况。

8. 如果你的大脑又开始不由自主地想，就让自己重新阅读行动计划，告诉自己一切都在掌握之中。

为何有效？

研究发现，耿耿于怀是导致抑郁和焦虑的重要因素。如果不计划好下一步，就试图阻止那些困扰你的事情，是不可能成功的。相反，你应该正视你的担忧，反思它，然后把它放下，直到你可以采取积极的行动。

重要提示

如果可能的话，和朋友或同事倾诉一下，但要控制在5分钟以内。

165. 注重锻炼

你多久运动一次？锻炼对我们的身体和精神都有好处，这并不是什么爆炸性的消息，反思一下自己有多少次会优先考虑工作呢？你可以用下面这个策略来保持活力。

1. 制订一个锻炼的时间表，无论是快步走、慢跑、羽毛球、体能课、游泳还是在家里做瑜伽。提前决定好哪一天你可以挤出一些时间来安排运动。

2. 告诉所有人，尤其是你的领导和同事，你将在规定的时间离开去锻炼身体。

3. 在你的手机或手表上设置闹钟。当闹钟响的时候，停下你正在做的事情，提醒自己这个任务可以改天再完成。

4. 带上运动服去上班，这样你就可以在离开前换好衣服。最关键的部分是换衣服，即使你宁愿穿着它回家睡觉/工作/看电视。

5. 去锻炼吧，不用在乎别人的看法。

为何重要？

运动的好处是众所周知的。问题不在于我们对这些好处的理解，而在于当其他任务占据我们的注意力时，我们是否有意志力去做我们应该做的事情。抵制忽视你健康和幸福的冲动，系好你的鞋带开跑吧！

重要提示

把承诺放在首位。把锻炼想象成一个你必须遵守的特殊约定。毕竟，你不会缺席一个大型会议或一次重要的就诊预约。

166. 3件好事：关注自己

教育工作者通常有101件事要做，这可能会让我们感到情绪低落和不知所措。通过识别每天好的方面来引导你的思想。总有美好的事情，只需我们自己去寻找！试试积极心理学家马丁·塞利格曼（Martin Seligman）的"3件好事"练习。

1. 在你睡觉之前，想3件你一天中做得不错的事情。

2. 把它们每一个都写下来。

3. 思考一下为什么这些事情进展顺利。

为何有效?

根据塞利格曼的说法,这项练习可以提升幸福感,减少可能导致抑郁的负面情绪。

重要提示

试着坚持这样做至少一周,就能感受到它的好处。

167. 习得性乐观和认知扭曲

你的想法越消极,你的生活就会越消极。好消息是你可以改变你的观点。马丁·塞利格曼在他的《活出最乐观的自己》(*Learned Optimism*)一书中发现,乐观主义者和悲观主义者解释问题时有不同的风格。

1. **个人化**。塞利格曼认为,乐观的人倾向于将责任归咎于外部力量或环境。例如,如果某一堂观摩课出了问题,他们不会责怪自己或他人,而是会思考其他因素或行为。他们可能会认为"这次的计划没有那么周密",而不是"我一定是个糟糕的老师,这都是我的错"。但是要小心,不要养成逃避责任的习惯;塞利格曼的研究中也注意到了乐观与妄想之间的细微差别!

2. **永久性**。塞利格曼说,乐观的人往往认为问题是暂时的,而不是永久的。例如,"这种不良行为会在圣诞节后得到解决"。

3. **普遍性。**塞利格曼说，当乐观的人在一个领域遭遇失败时，他们不一定会将其扩展到其他领域。悲观主义者恰恰相反，他们可能会在一个领域经历失败，并觉得自己在其他领域也会失败。例如，"我的数学很差，所以我的英语也一定很差"。

其他有趣的观点来自精神病学家艾伦·贝克（Aaron Beck）的研究，他在20世纪60年代为认知扭曲理论奠定了基础。认知扭曲是非理性的思维模式：我们的大脑让我们相信一些并不真实的事情。以下是5种常见的认知扭曲。

1. **绝对思维**：你觉得事情"总是"或者"永远不会"有发生的时候。例如，如果你的领导拒绝了一个提议，你可能会想："我的领导从来不听我的！"尽管这种情况不太可能发生。

2. **过度概括**：一次或孤立的事件导致以偏概全。例如，"我上了一堂很糟糕的课——我所有课肯定都很糟糕！"

3. **否定积极因素**：消极因素占上风，即你决定积极因素"不算数"的时候。例如，如果一位同事对你面临的问题提出了积极的解决方案，你会说"是的，但是……"来拒绝。

4. **匆忙下结论**：做出负面的假设，然后寻找证据来支持这些假设，而不是寻找证据然后得出更理性的结论。

5. **偏执思维**：认为为了达到成功，应该或必须完成一些有条件的行为。例如，"要成为一名好老师，我必须给每本作业打分"。

为何重要?

我们的思维形成我们的语言,我们的语言创造我们的人格。此外,研究发现,乐观的人更长寿!如果你总是对自己的工作感到消极,也许有一个更深层次的问题需要你去解决。

重要提示

反思思维心理学是有用的,但如果有些事情总是让你沮丧,也许是时候轻装上阵了。你应该更加开心快乐,面对不公平的工作量要求时也应该勇敢地表达出来。

168. 假如有这样一所学校

想象一下,有这样一所学校,教师的幸福感被置于最重要的位置。一所学校能够给你的比你已经有的还少,那就意味着你不适合在那工作。我以前在那种学校工作过。被这种风气包围着,很快我就开始耳濡目染,并把它传授给我管理的每个人。在这种学校中,工作截止日期紧迫,会议过多,部门管理的方式只有发号施令一种。

再想象一下,你在一所每周都有教师专业发展培训的学校工作。在这所学校里,实习教师的想法也能被积极听取和分享,校长会公开谈论他们正在学习的东西,同时关心教职工的幸福感。这些学校确实存在,我鼓励你们去看看。

为何尝试?

有经验的教师给新教师的第一个建议:尽可能多地参观考察学校。我们常常只去一两家学校应聘，得到一份工作，然后安顿下来，按部就班地工作和生活。在我的职业生涯中，我每学年都会访问四五所学校，把参加教师专业发展活动或领导会议作为常规日程的一部分。

重要提示

与其他教师建立联系，是了解不同学校的好方法。给自己设定一个挑战，每学期参观一所学校。

169. 如何与霸凌者共事

可悲的是，即使是在教育行业，你也会发现自己在支持那些被霸凌的同事。你自己也可能会被霸凌。罗伯特·萨顿（Robert Sutton）在他的书《跟任何人都合得来》（*The Asshole Survival Guide*）中引用了一句在推特上流传甚广的精辟话："在你诊断自己患有抑郁症或自卑之前，首先要确保你没有被混蛋包围。"

如果你认为自己正在与一个霸凌者共事，我的第一个建议，就是以一种直接而专业的方式与其交谈。如果你没有得到积极的结果，就要向他人寻求建议，必要时，要寻求专业支持。在严重的情况下，和你的同事或领导谈谈，把重点放在能改变关系的任务上，确保在有其他人在场的情况下和这个人进行沟通，并花时间反思你们的关系。

这里有一些问题可以帮助你优先考虑自己的心理健康。如果你对其中至少一个问题的回答是肯定的，那么你就经历了某种形式的霸凌。

1. 他们是不是对你大喊大叫或者经常打断你？

2. 他们对你有攻击性行为吗？

3. 他们故意忽视你吗？

4. 他们是否会以不耐烦的话语回应你？

5. 他们嘲笑你吗？

6. 他们是否在不恰当的时候占用你的时间？

7. 他们是否在别人面前对你冷嘲热讽，声音大到你能听到？

8. 他们是否对别人微笑，却从不对你微笑？

9. 其他人怎么评价这个人？你是否与足够多的同事交谈过，以确定其他人也经历了同样的遭遇？

为何重要？

在我们这个充满挑战的职业中，我们都会在某个时刻努力处理一段艰难的关系。这会模糊我们的轻重缓急，影响我们的幸福。

重要提示

没有什么比为此郁郁寡欢更糟糕的了。用你所有的精力正面解决这个问题。

170. 反思教职工的幸福感

作为高层领导，你觉得你的团队有什么不对劲吗？士气低落吗？或许是时候反思一下员工的幸福感了。

1. 一周拿出一天，在学校里四处走走，感受一下整体氛围。不要和团队讨论任何事情，但要思考关键时刻的情绪、氛围和条理性。

2. 每天结束时，花点时间思考一下全校的幸福感。关注关键阶段、团队或部门，按以下提示思考：

- 员工看起来放松吗？
- 员工看起来有条理并准备好了吗？
- 团队的合作意识强吗？
- 团队中有笑声或聊天吗？
- 环境（走廊、教室、教工休息室）是否井然有序？

3. 仔细思考每一个问题。如果教师们显得匆忙、紧张或激动，这表明事情不太对劲。如果课程看起来没有条理或准备不足，考虑是否有足够的时间来计划和准备。如果团队没有在一起工作，可能会出现员工之间的问题，或者可能时间紧迫，引发"每个人只为自己考虑"的态度。如果团队没有交谈或笑声，士气可能会很低落。如果教室或教工休息室很乱，人们则已经不再管理这些空间。反思一下，他们还可能没有时间做什么事情？

4. 采取行动。你可以试着开一次教职工会议，分发一份匿名问卷或发一封电子邮件。要解决员工幸福感的问题，首先要找出让员工沮丧的原因。高层领导必须愿意倾听，并反思接下来应该做什么。

为何尝试？

　　高层领导自己也有挑战，即使不需要每天授课，但是支持学校正常运转所需的数不清的任务，可能意味着很难找到时间考虑员工的幸福感。不过，时不时地与教职员工进行沟通，可能是一种很好的方式，可以让你发现学校里哪些工作做得好，哪些做得不好。

重要提示

在你的监督计划中安排一个员工幸福感反思期。这样你就不会忘记了。

171. 关爱同事

在工作中建立友谊对你的健康有很大的影响，但迫于时间和很多其他事情，大家很难记住要互相照顾。下面是如何将"关爱同事"策略引入你的团队的方法。

1. 给你的团队发一封电子邮件，介绍你的策略。向对方解释这是一种轻松的、自愿加入的方式。
2. 每个选择加入的人都会把自己的名字放在帽子里，然后依次从帽子里挑选一个名字。从帽子里选出的名字将一直保密到学年结束。
3. 挑出来的名字，就是你要关怀的对象。
4. 在便笺上留下善意的评论，偶尔给他们买点东西，和他们谈谈，保持联系。你甚至可以在每周的电子邮件或学校通讯中匿名举荐他们。
5. 在学期末，为友爱的团队提供茶点。每个人可以试着猜测关怀他们的人，并透露他们一直在暗中关心的对象。

为何有效？

这是一个有趣的方式，让同事可以得到认可，每周传播一点正能量。这种方式可能会改变某人糟糕的一天。

重要提示

保持低期望值——人们最不需要的就是为自己做得不够好而感到内疚。

172. 夸奖同事

在工作中，得到认可和赞美是一种很好的激励。我认为，我们认可努力工作是为了提高幸福感，而不是为了提高生产率。下次当你的同事做成一件事时，不管这件事有多小，想想是什么让它如此成功。然后选择一种方法来赞美它，例如：

1. 发一封祝贺邮件。

2. 在员工表扬板上写下赞美之词。

3. 直接告诉同事。

4. 给他们留一张便条，上面写着友善的话。

5. 谈论他们对你的影响。

6. 和其他同事谈论这个人。

7. 在社交网站上公开表示敬意。

为何有效？

认可同事的努力是提高幸福感、让人们感到被欣赏和被重视的好方法。在你的学校中，人们经常会贬低对方吗？通过赞扬来表达认可可以传播积极的氛围。

重要提示

尽快用感恩和赞美来回应会产生最好的影响，因为这件事会让每个人都记忆犹新。

173. 营造感恩氛围

感恩是一种态度！在你的学校里营造一个积极和感恩的环境。

1. 在醒目的地方挑选一块展板。教工休息室也许是个理想的地方。

2. 在展板上留出空间，让教师们可以彼此写一些话语。

3. 提供便利贴、笔和别针。

4. 给员工发邮件，告诉他们设立留言板的目的，鼓励他们感谢和赞美同事。

5. 从给团队成员写一封感谢信开始。

为何尝试？

感恩的感觉很棒，无论是接受还是给予。在忙碌的学校生活中，我们常常忘记表达我们的感激之情，即使我们真的感受到了。

重要提示

为了顺利开始行动，你可以分发一些纸条，让同事们在去参加员工会议之前填好。

174. 学校的幸福价值观

毫无疑问，学校领导有责任确保校园里每个人的幸福。这一核心职责需要持续的反思和行动，以人为本。你在学校所做的每一件事都贯穿着什么样的价值观呢？下面是一些比较常见的。

1. **韧性**：鼓励学生以韧性和乐观的态度面对挑战和挫折，将有助于他们克服任何问题。
2. **尊重和善良**：鼓励学生认识到尊重自己和他人是保持心理健康的关键。
3. **多样性**：接受和赞美差异可以帮助学生接纳自己，避免与他人比较。
4. **友谊**：帮助学生培养与同学和教师的关系是至关重要的，从而确保他们感受到支持和有价值。
5. **感恩**：当我们感恩并认可美好的方面时，我们就找到了生活的价值。
6. **乐观**：通过教导学生积极乐观，我们可以减少导致抑郁的负面情绪。
7. **诚实**：重视和鼓励诚实可以让学生知道，他们可以坦率地说出自己的感受，而不用担心别人的评判。

为何重要？

学校价值观应该贯穿于学校的每一个部分；当学生毕业时，这些价值观应该深入人心。确保你所教的价值观是有价值的！

重要提示

学校的价值观往往会随着领导、教职员工和学生的来来去去而被传承。学校的价值观能代表你现在的群体吗？如果不能，通过询问所有利益相关者的观点来修正你的价值观。

注意：如果孩子遇到心理健康问题或精神疾病，他们需要额外的专业支持。当一个人面临挫折时，说"坚强一点"或"乐观一点"之类的话根本无济于事。

175. 每日1英里计划

想为学校生活注入一些活力吗？许多学校现在都在使用"每日1英里计划"来鼓励学生们跑步。下面的这些建议可以帮助你开始。

1. 与高层领导和体育组负责人沟通，获得批准。
2. 寻找资源、实施想法。
3. 找到每天跑步的合适时间——建议每天15分钟，差不多1英里，这取决于跑步者。大课间或午餐时间可能是最好的选择。
4. 完成一次测试跑，找到一条1英里长的路线，要保证没有任何危险的斜坡或坑洼。
5. 向教师、学生和家长介绍这个活动。
6. 让教职工一起参与——谁可以和学生一起跑？这一举措也有利于员工的健康！
7. 决定细节。学生们需要跑步教练吗？如何运作？如何启动和结束？是否有什么风险？

为何尝试？

随着儿童肥胖人数的上升，孩子们在户外的时间越来越少，在电子设备上花的时间越来越多，每天自由地跑步对孩子们（和教职员工）有很多好处。

重要提示

如果你想完成每天的跑步，但觉得15分钟太长，试试"一天跑1公里"，然后把跑步时间减少到7分钟。一旦养成习惯，尽可能增加时间以获得最佳结果。

176. 学生的正念时刻

正念的主要目的是活在当下，清除对过去和未来的思虑。研究表明，练习正念对大脑有积极的影响。下面介绍的是如何把它带给你的学生。

1. 这个网站（gonoodle.com）为孩子们提供了大量的视频剪辑，其中的许多帮助他们练习正念。该网站目前可以免费使用，而且学生们很喜欢这些视频片段。

2. 跟着动图来进行正念呼吸训练。在网上搜索"呼吸法"，你会发现各种各样的动态图像，鼓励你慢慢地专注于呼吸。

3. 讲故事。让你的学生闭上眼睛，把注意力集中在呼吸上，你可以描述一个放松的场景（例如，走过一片美丽的草地）。

4. 停下来听。让孩子们倾听周围的声音，同时专注于他们的呼吸。告诉他们，如果他们走神了，可以重新集中注意力，只关注自己的呼吸和房间里的声音。

5. 试着做身体扫描练习。让学生闭上眼睛，专注于自己的呼吸。身体扫描包括关注身体的各个部位和整个身体的感觉，从脚到头，循序渐进。鼓励他们放松不同部位。如果你对此不太了解，网上有很多身体扫描练习视频可以帮助你。

为何尝试？

你可能认为自己没有时间做正念练习，但每天只要花几分钟就可以提高学生的注意力和健康水平。

重要提示

在他们的正念练习中，观察你的课堂。哪些孩子觉得此时此刻坐在那里特别有挑战性？为什么会这样？你还能做些什么？

177. 3件好事：关注学生

在前文，我们讨论了积极心理学家马丁·塞利格曼的"3件好事"练习。试着在教室里做这个练习，看看感恩是如何帮助学生提升幸福感的。

1. 向学生们解释，通过在生活中表达感恩，我们可以提高幸福感。
2. 每天花4分钟和你的教师或同学谈论感恩。让它成为一个习惯。
3. 第1分钟：打造一天中的"3个黄金时刻"。告诉他们这些可以是微不足道的时刻，也可以是巨大的成功。把它们写在黑板上。
4. 第2分钟：学生们可以讨论他们的3个黄金时刻。和全班同学简要分享一两个。
5. 第3到4分钟：要求学生在日记中记下他们的黄金时刻。
6. 以一个深呼吸结束。

为何有效？

研究发现，这类活动可以提高幸福感，提升乐观心态。最终，通过每天的练习和模仿，这种活动可以改变学生的思维方式，鼓励积极的心态。

重要提示

允许学生选择是否与全班分享他们的黄金时刻——这些时刻可能非常个人化，有些孩子可能更喜欢保密。

178. 精心创造难忘记忆

学校如何为学生创造难忘的童年经历？孩子们只经历一次学校生活，所以创造一些丰富的时刻，会让学生感觉很棒，同时增加知识并强化理解。

1. **到户外去**。在户外度过的时光是如此宝贵，却常常被忽视。思考一下，怎样把学习带到户外去呢？

2. **充分发挥创造力**。就像成年人一样，孩子们需要对一项任务有一定的主导权，这样才能理解得更加透彻。教师们有很多目标要完成，但偶尔允许学生们完全自主会让他们感觉很棒。记住，只有学生掌握了足够的学科知识，这种效果才会达到最好。

3. **跳出当地校园**。参观访学是一种很好的体验，可以拓展学生的知识并提高他们对某一学科的兴趣。这学期你准备让学生在哪里上课呢？

4. **不要忽视艺术的价值**。戏剧、舞蹈、音乐、文学、诗歌和美术正在被排除在今天的核心课程之外。你如何利用艺术来提高学生的幸福感，为他们创造难忘的时刻？

5. **策划舞会和派对。** 人类是群居动物。好好策划一下年终活动——这些活动对你的学生来说真的很特别。

为何尝试？

是的，我们都希望我们的学生记住我们教的知识和技能，但这就是全部吗？有些人可能会说，这会浪费宝贵的学习时间，但这对我们提高学生的幸福感，丰富学生们的体验会很有用。

重要提示

询问学生有关旅行、体验和难忘时刻的想法。

179. 找准压力来源

我们知道，一学年中有些时候会很棘手，所以要提前计划，在这些压力到来之前、之中和之后都要考虑学生的心理健康状况。

1. 回顾上一学年，将不同的周或学期标记为1-轻度压力、2-中度压力或3-重度压力（与学生有关）。

2. 展望未来一年，预测何时可能出现中高压（例如考试、新学期过渡期或重大变化时期）。

3. 询问教师们如何以某种方式减轻压力。教师可以在关键时刻使用正念法吗？教师能否为学生提供健康课程？是否可以安排一段自由时间，让孩子们有时间反思或复习？

为何有效？

我们知道，压力在一年中不同的时候会增加，幸福感也会因此受到影响。但是，如果我们准备好了一套行动计划，就可以让学生和我们的待处理事项变得更容易管理。

重要提示

和学生们谈谈。询问他们在整个学期中的什么时候感到压力大，以及教师们应该做些什么来减少这种压力。他们可能会提供一些有价值的见解。

180. 学生幸福感反思问题

有没有可能测量学生的幸福感？这是一个值得讨论的问题，但改善现状的第一步是试图理解它。这些思考提示可以帮助你确定某个学生是否需要一些帮助。

1. 你是否看到学生在行为、举止或自信方面的巨大变化？

2. 这个学生是否经历过创伤（如丧亲、分离、虐待、霸凌、事故）？

3. 学生是否有长期的情绪低落？

4. 学生是否避免公开谈论他们的感受？

5. 学生是否经常显得心烦意乱、疲倦或困惑？

6. 学生的父母或看护者关心他吗？

7. 尽管有人支持，学生是否仍然缺乏乐观心态？

8. 学生觉得不安全吗？你感觉到了吗？

9. 学生是否缺乏与他人（如朋友、家人、工作人员）的联系？

10. 学生有自残的迹象吗？

11. 学生是否被诊断患有或被怀疑患有自闭症？

12. 你或其他成年人是否一直担心学生的健康，即使你不知道确切原因？

为何重要？

如果你和青少年及儿童一起工作，观察他们的幸福感和心理健康程度的变化是你工作的一部分。花点时间想想孩子的变化及状态，会帮助你了解需要采取什么样的行动（如果可以的话）。

重要提示

首先用简单的"是"或"否"来回答问题。把"是"的回答按最令人担忧的到最不令人担忧的顺序排序。在第一时间寻求学生关怀团队的支持之前，要先深入思考这些问题。

181. 教学生学会放下

当我们有忧虑的时候，很难不去想它。通过使用我们在之前讨论过的"学会放下"的策略，帮助学生把注意力集中在手头的任务上。

1. 如果感到学生有心事，请和他们谈谈。

2. 告诉学生，他们看起来忧心忡忡，问问他们是否愿意谈论这件事。

3. 如果他们愿意与你讨论，你可以倾听他们的心声，但是要弄清楚他们担心的是什么。

4. 如果学生担忧的事情已被公开，就启动你的保护程序。你可以决定向学生关怀小组求助。

5. 一起决定可以做些什么来解决这个问题，例如，"放学后，我们可以一起和你的父母讨论这个问题"或者"午餐时间，我会和同学们讨论这个问题"。

6. 让学生把烦恼写到纸条上，折好后钉在木板上（注意安全）。告诉他们虽然忧虑仍存在，但要学会放下。

7. 告诉他们课后你会再次和他/她谈心。如果学生继续在课上分心，让他们复述一下你们将要一起采取的行动，提醒他们现在要集中精力学习。

8. 最重要的是再次讨论担心的问题，然后采取行动。

为何有效？

承认学生的担忧并同情他们，表明你理解和关心他们。学会放下意味着学生有机会集中精力完成任务。

重要提示

如果同一个学生总是担心不同的事情，这可能表明存在潜在的问题。和你的同事谈谈你的担忧。

182. 心理健康公约

你是否在寻找一些简单的方法来改善你们学校关于心理健康的讨论？在撒玛利亚会、英国心理健康急救协会的帮助下，心理健康活动家娜塔莎·德文于2017年发布了"心理健康公约"。该公约包括7条简单的准则，以确保在精神健康报告中使用的图片和语言是负责任的。当我们讨论学校心理健康的方式时，我们可以很容易地应用这一公约。

1. 不要使用"自杀"或"成功自杀"这样的短语。应该说"死于自杀"。

2. 不要使用可能引发自残或饮食失调的图片。

3. 不要给别人贴上疾病的标签。正确使用词语，比如说"患有厌食症/抑郁症的人"而不是"他有病"。

4. 在谈论自杀或自残时不要透露细节。思考它们的原因而不是方式。

5. 在谈论恐怖分子或其他暴力犯罪时，不要使用"心理健康问题"之类的通用术语。

6. 理解精神健康和精神疾病之间的区别。

7. 如果讨论内容时导致某人需要帮助，则为其提供高质量的支持资源。

为何有效？

改变我们谈论精神健康问题和精神疾病的方式，可以改变我们的生活。

重要提示

勇敢而礼貌地挑战违背这些目标的对话。

183. 倾听时不要评判

教育工作者会关注学生的行为和情绪，因此他们通常能够发现新出现的心理健康问题。帮助一个正在经历精神疾病或精神健康问题的青少年或儿童时，倾听是至关重要的。尝试下面这些技巧，以确保他们在潜在的困难时刻能被倾听。

1. 带着理解而不是急于回应的意图倾听。

2. 避免打断。让学生充分表达自己。

3. 提出问题来澄清他们的感受或想法。这表明你在关注他们且有同感。

4. 注意你的肢体语言，包括面部表情、眼神交流、体态和坐姿。暗示着判断的表情或反应会让学生沉默不语。

5. 不要试图提供建议或告诉对方他们应该怎么想。这会造成内疚或自卑的感觉。

6. 不要把话题转向你自己或你自己的感受或经历。这可能会造成不健康的比较，并将注意力从学生身上转移开。

7. 不要害怕沉默的时刻。这些不一定是尴尬的，可以为人们创造思考和进一步开放的空间。等待孩子说话。

8. 要注意，不要说事情没那么糟或暗示情况可能更糟，从而将一个问题最小化。这会否定对方的感受。

为何尝试？

作为教师，我们的第一反应是支持、建议和解决问题。但是，当涉及精神疾病或精神健康问题时，让学生不用担心任何评判，公开谈论并被真正倾听是至关重要的。

重要提示

注意移情和同情之间的细微差别。记住，你要表现出，你能看出事情对他们来说有多困难，而不是暗示你很同情他们。

184. 应对焦虑症发作

目睹焦虑症发作可能很可怕，但知道如何应对是至关重要的。以下是如何帮助经历焦虑症发作的孩子的有效方法。

1. 保持冷静。不要在这种情况下施加更多压力。

2. 如果可以的话，试着找出诱因，但是不要总是问问题。问"你怎么了？"或"你还好吗？"在这个时候是无济于事的。

3. 用平静而清晰的声音要求学生集中精力呼吸。让他们吸气5秒钟，保持2秒钟，呼气5秒钟。重复这个练习，直到孩子的注意力转移到呼吸上。

4. 表扬孩子，但要不断数着他的呼吸："太好了，你平静下来了，再深呼吸，1、2、3……"

5. 当孩子完全平静下来后，向他解释你想和他一起讨论诱因。问他们是否准备好谈话，如果他们准备好了，可以问一些简单的问题。

6. 问题可能包括：是什么让你感到担心？为什么这会让你担心？如果你的恐惧成真会发生什么？我们能做些什么来减轻你的焦虑？谁能帮你呢？

7. 不要说：冷静下来；没那么糟；不要反应过度；停下来；这很愚蠢/过分/没有必要；你为什么这样反应？你怎么了？你不能那样反应。

为何有效？

面对焦虑发作时，冷静而有能力的反应在发作期间和发作之后都会产生巨大的影响。让学生感到舒适和支持，而不是尴尬和误解，可以帮助减少压力。

重要提示

　　告诉学生说，我们每个人都会有担心的事情，帮助学生把这种经历正常化。但你要向他们解释，当我们的担忧变得如此之大，以至于占据了我们的注意力时，我们就需要想办法夺回控制权。一个很好的方法就是集中精力呼吸。别忘了把你对学生的顾虑告诉相关的同事。

185. 如何应对自残

　　你可能目睹或经历过学生的自残行为，在这种情况下，你会亲身体会到这种行为有多可怕。教育工作者在这方面往往没有经过培训，这意味着他们的反应方式可能会加剧问题。如果孩子有自残行为，请遵循这些注意事项。

1. 不要因愤怒、恐惧、厌恶或担心而反应过度。
2. 回答时尽量保持中立。
3. 不要责备孩子。当我们看到有人撞头、拉扯或剪自己的头发而害怕时，往往意味着我们本能地做出反应，想让这些事情停止。
4. 对孩子说话要冷静，要有礼貌。
5. 不要问"你为什么要这么做？"或者"你当时在想什么？"
6. 一定要假设发生了什么事，向他们解释，你理解他们一定是心情不好才这么做的。
7. 当自残发生时，不要诱哄、惩罚或下最后通牒。
8. 要说明自残不是处理困难情绪和情况的好方法；减轻压力有不同的

方法。

9. 不要告诉孩子要更有韧性或应该更好地应付。

10. 提供至少3种减压的方法（例如做10次深呼吸、离开房间、讨论、撕纸等）。

11. 不要认为这是一次性事件。

12. 一定要定期监测孩子的健康状况，确保他们知道你和其他成年人可以与他们交谈。

13. 如果造成严重的伤害，请拨打急救电话。

为何重要？

每12个人中就有一个人会自残。做好准备可以帮助你知道如何应对。

重要提示

持续关注这个问题，经常就此与相关孩子的父母或监护人沟通。

第 **9** 章

融洽的关系

拥有丰富学科知识、提供有效指导和准确评估的教师一定会给学生带来成功的结果。但还有另一个重要因素：建立真正的师生关系。这不仅会对学习潜力产生积极的影响，而且还很有趣。在教育领域工作的一个主要好处是，你可以和孩子们在一起，孩子们很棒——他们有趣、诚实、活跃、真实、开放。

对建立融洽人际关系重要还是有效教学重要，一直存在争论。但是，在我看来，这与和学生之间的融洽关系是否能提高学习效果无关。比较融洽关系和教学的重要性就像比较空气和水的重要性一样；试图把一个凌驾于另一个之上的做法有点言过其实。关键是，与学生保持融洽的关系对我们和他们都有好处。

有趣的是，科学家和神经科学家已经思考过这样一种观点，即人类对人际关系的需求与其他基本需求（如水和食物）相当。研究表明，保持社会关系对身心健康都有积极影响。[如果你想了解更多这方面的信息，可以参考科学家马修·利伯曼（Matthew Lieberman）的研究，看看断裂或薄弱的人际关系是如何对教育和健康产生负面影响的。]人际关系在管理学生行为方面很重要，这一观点在教育捐赠基金会的《改善校园行为》报告中得到了呼应，该报告讨论了学生感受到重视和支持的好处。

对于我们——作为教育工作者和继续生活在校门之外的人来说，重要的是要认识到积极的社会关系有助于身心健康。牢记这一点，我们就可以努力与学生建立最密切的关系。我们可以给他们时间分享他们的想法，通过支持和安抚的方式建立信任，表现出同理心，让他们更多地了解我们这个真实的人。融洽的关系将有助于在"他们"和"我们"之间建立更好的关系。

根据我的经验，当关系融洽时，学生们更倾向于提出问题，说出想法，公开谈论他们的学习。我和一个学生的关系越融洽，他们就越有可能专心听我的话，完成我布置的工作，迎接挑战，在他们需要我的帮助时也越加体现出诚实、信任和尊重。

我也很享受与学生相处融洽的好处——我所建立的关系帮助他们对我表示同理心。我想到的一个例子是，有一天早上我没去学校，一个9岁的学生下课后找到我，关心地问我："老师，你还好吗？你今天看起来好像有点不舒服。"他关心我，就像我关心他一样。

这并不是说，没有融洽的关系，就不可能有好的教学，而是简单地说，融洽的关系不会损害学习，甚至可能有利于学习，让成人和儿童以有意义的方式联系起来，从而优化学习潜力。另一个好处是，它提供了一个自我反省的机会。当然，我们热爱自己的工作，但我们也需要真正地与校园之外的人建立联系。我们有责任确保自己的基本需求得到满足：食物、水以及与我们最亲近的人的社会关系。

花点时间，思考一下你和家人、朋友、同事甚至宠物之间的关系。写下对你很重要的6个人（*或动物*）的名字。

1	
2	
3	
4	
5	
6	

现在给每个人打分，从0（中断关系）到5（亲密关系）。花点时间思考一下得分0到3之间的人，问问自己，是什么阻碍了你和他有更多的联系——毕竟，你已经认为他们对你很重要了。

心理学家丹尼尔·戈尔曼（Daniel Goleman）曾指出关于融洽关系的3个要素：完全的相互关注，即我们放下任何可能分散我们注意力的东西，全神贯注于对方；身体同步，即我们下意识地与他人和谐相处；积极的情绪，表明大脑处于最佳状态。在课堂上，第一个要素是建立融洽关系的最好起点。毕竟，学生得到教师的全部注意力是理所应当的。

186. 识别隐形学生

有这么多的学生要教，你无法全神贯注于每一个孩子。与你的团队一起尝试这种方法来识别你的"隐形"学生。

1. 在教师会议上，让教师们列出他们班上的学生名单。给他们两分钟的时间。

2. 时间到了，给他们一份班级名单让他们核对。让他们找出被遗忘的孩子。

3. 讨论这样一个事实：我们最关心的孩子往往是最自信或最令人担心的，而那些更安静或更顺从的孩子则被忽视了。我们更可能回忆起的是与我们关系良好的学生。

4. 在这周剩余的时间里，让教师们关注他们的隐形学生，尽可能多地培养与他们的关系。

5. 在下次会议上，一起讨论结果。

为何有效？

先找出那些我们还没有与之建立牢固关系的学生，然后，我们就可以开始逐个孩子地解决这个问题。

重要提示

让后勤人员也辨认出他们的隐形学生，让更多的学生觉得自己与学校里的成年人有联系。

187. 记住学生的名字

忘记学生的名字或弄错名字都不应该。下面的方法可以帮助你用很短的时间记住学生的名字。

1. 随机给学生发姓名卡。让学生站起来读卡片上的名字。从他们手中拿卡片，交给正确的人。

2. 让学生向小组成员说出自己的名字，请其他组员重复他的名字。

3. 上课前点名，你在记名字的同时，学生们也能有机会将注意力收回来，保持安静，准备上课。

4. 把姓名卡堆成一堆，挑一张，喊出名字。在第一轮中，孩子必须站起来喊"我是……"。在第二轮中，学生保持沉默，你必须把姓名卡放在正确的孩子面前。

为何尝试？

与学生建立关系首先要知道他们的名字。这些方法很有趣，也有助于建立班级的融洽关系。

重要提示

尽可能多地叫出学生的名字。每次你叫错他们的名字就给他们一个小奖品——这么做一定可以提高你的记忆力！

188. "了解你" 游戏

玩这些简单的游戏来了解你的学生。

1. **3个谎言和1个真相。** 告诉孩子关于你自己的4条信息，只有1条是真的。学生们得猜出是哪一个。然后选择一个孩子说出关于他们的3个谎言和1个真相。

2. **糖豆问题。** 写一组问题来帮助你了解某人。每个问题的颜色代码为红色、紫色、蓝色、黄色、橙色、棕色、绿色或粉色。买些彩色巧克力豆放在碗里。闭上眼睛，抓一颗糖豆，根据颜色来回答问题，详见下页。

3. **每日一问。** 在每天的课堂讨论中选择一个问题来回答。这个问题可以让你们了解彼此，例如，"你最喜欢的食物是什么？"

4. **猜猜是谁。** 选择一个孩子并对他们的身份保密。学生们可以问"是"或"否"的问题，试图猜出被选中的孩子是谁。例如，"他们是棕色头发吗？" "他们喜欢足球吗？"

5. **班级格莱美奖。** 让学生们以"进步之星""乐于助人奖"和"艺术成就奖"等称号投票选出自己的同班同学。奖励被选中的学生，向他表示祝贺，给予掌声。

为何有效？

在一个棘手的班级里，可能不会自然而然地产生融洽的关系。偶尔一场轻松的游戏会带来真正的不同。

重要提示

花费在游戏上的时间不要超过15分钟，而且，它可能会失去吸引力或消耗太多的课程时间。

糖豆问题

颜色	问题
红色	你的全名是什么？ 你的生日是什么时候？ 你家里有谁？
紫色	你最喜欢的食物是什么？ 你最喜欢的科目是什么？ 你最喜欢的动物是什么？
蓝色	谁会鼓励你？ 谁让你笑？ 你想见谁？
黄色	你做什么运动吗？ 你想尝试哪种运动？ 你会游泳吗？
橙色	你有宠物吗？ 你梦想中的宠物是什么？ 你会是哪种动物？
棕色	你最想做什么？ 你喜欢在户外还是在室内？ 你有什么特长？
绿色	你会去哪个国家？ 你怎么去上学？ 你去过哪些地方？
粉色	你最喜欢的电影是什么？ 你最喜欢的书是什么？ 你最喜欢的作家是谁？

189. 观察学生

你了解你的学生吗？观察他们在社交方面的互动，你可能会有新的思考！试着用这个5分钟的方法来加深对班级的理解。

1. 想想你认为自己非常了解的一个孩子或一群学生。预测他们在不同的社交场合会有什么反应。

2. 在一个小组任务中间或休息时间，在学生们身边随意地做一些事情，使你看起来很忙。

3. 专注地倾听他们的互动，观察他们是如何与他人一起学习或玩耍的。

4. 问问自己：他们是主动的还是被动的？他们是否在团队中扮演某种角色（例如，领导者、追随者、闲散的人、专横的人、外向的人、内向的人、班级里的耍宝人物）？

5. 反思：他们的行为是否如你所料？他们比你预料的更自信还是更不自信？

为何尝试？

敏锐地观察学生可以让你大开眼界，让你对一个熟悉的人有一个新的视角。

重要提示

不要把这看得过重——这不是在评判或监视学生，更多的是在增进你对学生们的理解。避免与孩子们讨论你的观察结果。

190. 校领导尽早建立融洽关系

你对你们学校最小的孩子了解多少？尝试这些方法来更好地了解他们。

1. 努力记住新生的名字。当你对他们说话的时候，看着他们微笑着回答："你怎么知道我的名字？"

2. 向班主任请教——他们是专家。他们能够确定你应该尽早了解的孩子。

3. 在课间休息时间出现在教室门口。观察学生们。你看到的学生越多，你对他们的了解就越多。

4. 见见他们的父母。在新生家长身上投资是非常重要的。如果你现在就能和他们建立关系，你就可以避免未来生硬地建立关系的挑战。

为何重要？

越早建立关系，你越能节省以后的时间和精力。

重要提示

不要试图只熟悉有潜在问题的学生。了解所有的孩子意味着你可以更加认可、理解他们。

191. 随意的提问

你有没有发现很难和学生建立关系？问一些随意的问题来开始建立联系。

1. 在课间休息时间、过渡时间和自由活动课上找时间和学生聊天。

2. 如果你还没有和孩子建立起稳固的关系，避免家庭或情感方面的私人问题；这些可能会导致更多的摩擦而不是联系。

3. 试着问："你是否愿意……"这样的问题都很有趣，孩子们不会抗拒。

4. 问对方："如果让你选一个宠物/工作/度假目的地，你会选哪个？"这些问题可以开启很多对话。

5. 试着问这样的问题："如果你能许一个愿望，你希望是什么？""你希望学校/社区/世界有什么改变？"这能让学生们在表达自己观点的同时发挥想象力。

6. 问"你更喜欢……还是……"的问题。可以是电影、食物、运动、音乐、课程、演员——任何事物！这些可以引发一场讨论，让你也可以表达自己的观点。

7. 问"如果……你会怎么做"。这些问题可以鼓励学生独立思考。

为何有效？

教师总是询问学生个人或学术问题是很容易的，但更随意的提问会帮助学生探索和想象。随意的问题可以让教育者从一个完全不同的层面去了解孩子们。

重要提示

坐在你想了解的孩子旁边，提出某个问题。然后你可以随意地问："你的看法是什么？"鼓励他们分享自己的想法。

192. 信任的重要性

信任对建立真正的人际关系至关重要，但对一些学生来说，信任成年人可能并不容易。以下是需要考虑的5个要点。

1. 根据心理学家丹·艾瑞里（Dan Ariely）的说法，当我们认为我们的互动会持续更长的时间时，我们往往会变得更信任别人。这一点可以很容易地引申到学校，因为学生们花很多时间和相同的成年人在一起。长期的关系能让人们一次又一次地证明他们是值得信任的。

2. 丹·艾瑞里还讨论了透明度的价值。教育透明，可能包括确保学生了解正在发生的事情，如明确期望和惩罚措施，以及提供开放式双向反馈的机会。

3. 让学生承担责任，并相信他们会履行责任。这会加强你的人际关系。

4. 管理学教授詹姆斯·戴维斯（James Davis）在客户和公司的背景下讨论了信任的3个驱动因素，可以很容易地引申到教育方面：

   • 能力：企业能做到他们承诺的吗？

   • 仁爱：他们关心我吗？

   • 正直：我是否认同他们的价值观？

5. 说到做到。这会让别人觉得你值得信赖。

为何重要？

培养信任可以帮助学生放下戒备，在你面前感到安全。

重要提示

信任度会迅速崩塌。如果信任被破坏了，花点时间思考一下你必须采取哪些措施来重建它。

193. 师者亦为侍者

教师和服务员有什么共同之处？也许比你想象的要多。以下是你如何利用服务员的技能为你的学生服务。

1. **欢迎并就座。** 欢迎学生，并确保他们在环境中感到舒适。当其他人已经就座时，给他们一些材料来帮助他们充分利用时间。
2. **提供有价值的东西。** 确保你的课程内容有趣、有挑战性和发人深省。
3. **有礼貌地关切。** 在学生学习的时候关心他们，问他们："你的任务都完成了吗？""我还能为你准备点什么吗？"
4. **四处走动并随时待命。** 学生们学习时可以随时求助于教师。
5. **感谢他们的到来。** 向全班同学表示，你欣赏他们的努力。

为何有效？

真正对学生敞开心扉，会让他们知道他们可以依赖你。人们喜欢帮助他们的人。

重要提示

去帮助别人并不意味着孩子们可以不尊重你；小心别让他们利用你。

194. 班级照片墙

想要创造一个真正属于你们班级的学习环境吗？尝试一下班级照片墙吧。

1. 找一个醒目的教室展示空间。

2. 制作标题"班级照片墙"，并准备12个正方形的卡片（20厘米×20厘米是一个很好的尺寸）。将它们排列好。

3. 告诉全班同学你已经创建了一个班级照片墙，在这里可以分享特别的学校时刻。

4. 为那些特别的时刻拍照：一次课堂演讲、一次学校旅行或在数学上的顿悟时刻。

5. 打印出来并将其贴在班级照片墙上，可以带有一个简短的标题（也许还有一些有趣的标签）。

6. 保持定期更新。

为何有效？

这么做会在教室里营造轻松、快乐的气氛，让学生拥有学习空间，并真正有助于建立融洽的关系。

重要提示

要求学生提供他们个人成就的图片。别忘了加上一些你自己和助教的照片！

195. 讲趣闻轶事拉近距离

通过趣闻轶事帮助你的学生更好地了解你。

1. 谈谈你年轻的时候。孩子们喜欢听成年人的童年故事。

2. 当你在校外遇到有趣的事情时，记得告诉全班同学。以"你永远猜不到周日我遇到了什么事"开始，来吸引他们的注意力。

3. 阅读时，说"这个角色让我想起了……"，然后讲一段与这个人互动的小故事。

4. 告诉学生们你和其他同事之间的互动和友谊——例如，"前几天在教工休息室，我和琼斯老师在谈论那部电影。我们认为……"。这可以帮助他们想象你在学校里的社交活动。

5. 当谈论安全问题（火灾、水、道路等）时，告诉学生你的经历。讲故事时考虑到孩子们的年龄是很重要的，但在真实的背景下讨论安全问题可以帮助学生看到这个问题的严重性。

6. 告诉全班同学你的困难，以及你是如何克服困难的。这能让他们把你看作一个真实的人，并向他们展示问题是可以克服的。

为何尝试？

当你告诉学生一个关于你的真实故事时，注意他们的表情。如果你想建立融洽的关系，这会很有效。

重要提示

轶事要简短；教学时间已经够紧张的了。

196. 接受并珍视礼物

你真的想要一捆小树枝或一堆揉成一团的课程表当礼物吗？也许不是，但是当孩子送你礼物时，垃圾也可以变成珍宝，这会增进你们之间的关系。

1. 当学生们送给你"礼物"时，要表现出惊喜的样子。

2. 立即表示感谢，感谢他们的好心。

3. 当着学生的面把礼物展示给其他人——不是全班同学（他们可能不喜欢），而是他们的密友或助教。

4. 把礼物放在办公桌前或显眼的架子上，至少放几天。

为何重要？

学生送教师的小礼物代表对教师的信任和爱，请务必珍视。

重要提示

你可以给学生写一封简短的感谢信，让孩子把信带回家。

197. 本杰明·富兰克林效应

想要得到学生们的支持吗？那就让他们帮你个忙！《你没那么聪明》（*You Are Not So Smart*）一书的作者大卫·麦克雷尼（David McRaney）认为，本杰明·富兰克林曾用过这种有效的方法来赢得异己的支持。

1. 计划一件学生能轻易做到的事情；不要太有挑战性或太无聊。

2. 把学生叫到一边。

3. 提出问题，并将他们的帮助作为解决方案。

4. 解释为什么需要他们的特殊帮助或支持。

5. 询问他们是否乐意帮助你。这有点冒险，但十有八九，他们会同意的。

6. 在对方帮了你之后，说声谢谢。

为何有效？

和一个重视你、需要你帮助的人保持距离是很难的。

重要提示

让其他同事也参与进来，让他们为学生着想。给学生一种使命感，会更好地把他们和学校联系起来。

198. 赞美学生

有时候你需要用快速简单的方法来建立融洽的关系。让学生自我感觉良好从来没有坏处，所以，为什么不试着称赞他们呢？

1. **注意观察。**当学生做了积极的事情时要留意。

2. **计划一次赞美。**想一想如何最好地赞美学生，他们是喜欢公开表扬还是更喜欢私下表扬。

3. **要真诚。** 记住,要赞美行为而不是学生。

为何有效?

每个人都喜欢被赞美!

重要提示

夸赞"漂亮的发型"或"喜欢你的外套"都是让学生感到被关注的好方法,但不要过于依赖表面的赞美。尽量赞美他人的精神气质、性格、成果或努力。

199. 借助细节表达关注

如果你发现了学生与以往的不同之处,告诉他们你在关注他们。以下是一些需要注意的事情。

1. **外貌变化。** 学生理发了、穿了新鞋或长高了。这些很容易发现,也很容易指出。

2. **态度或努力的改变。** 当一个学生在态度或努力上取得了显著的进步,却没有被注意到时,可能会降低其积极改变的势头。看到了,就说出来!

3. **能力或结果的变化。** 当学生的成绩有所改善时,让他们知道你注意到了他们,并为他们感到自豪。

4. **环境的变化。** 无论是多了一个弟弟妹妹、搬家或加入篮球队,告诉学生你看到了变化,让他们有机会和你一起庆祝。

为何有效?

对积极变化的认可会让孩子感到被关注和被重视。

重要提示

让孩子无意中听到,你告诉同事他们的变化。

200. 庆祝成功

当我们只专注于目标而忘记了人时,动力就会减少。记住要庆祝班级取得的成就,以建立融洽的关系,特别是在一些特殊的时期。以下是一些帮助你开始的想法。

1. **如果你的课程完成顺利,找一个空闲时间。**这是一个玩游戏、聊天和与个人建立关系的机会。教学中的每一秒钟都很重要,但是即使是给学生们10分钟的自由时间也会让他们有所收获。

2. **给你的学生一个惊喜。**一点发自内心的兴奋可以让课堂重新焕发活力——试着举办一个茶话会或一些卡拉OK活动。时间紧迫,但我保证他们会感谢你的努力。

3. **庆祝大成就。**当班级完成了一个项目时,不要只是合上书就匆匆忙忙地去做下一件事。分享成果,并带来一些与之相关的东西——例如,如果学生完成了一个关于非洲的项目,就带来一些有文化象征的食品和音乐,并展示项目成果,供同学们探索。

4. **分享成功。**许多学生参加俱乐部、参加竞赛或有校外爱好。当一个学生取得了惊人的成就时,一定要和全班同学分享,让他们对如何取得成功提出困惑。

为何尝试？

记住，你玩的是长线游戏。保持良好关系的一部分是承认发生了什么特别的事情。通过对成功的回应来表达你的关心。

重要提示

如果你偏离了常规，不要忘记那些可能不喜欢擅改课程表的学生。提前给他们提个醒——你甚至可以请他们帮你安排。

201. 停下来去倾听

你如何能迅速提升与同事、家长和学生的关系？1999年，《哈佛商业评论》发表了精神病学家爱德华·哈洛韦尔（Edward Hallowell）的一篇文章，文中讨论了"人性时刻"：只有当两个人共享同一物理空间时，才会发生的真实的心灵相遇。哈洛韦尔认为，"人性时刻"需要具备以下先决条件：

1. **停下手头的事情。** 当有人寻求你的注意时，停下你正在做的事情。把事情放下，把注意力从你的任务上转移开，转向和你说话的那个人。
2. **情感关注：认真倾听。** 你可能会分心，但真正倾听对方的需求并思考他们所说的话会让你理解他们选择与你交流的原因。
3. **及时回应：在适当的情况下以肢体动作回应和认可。** 如果需要的话，快速记录一些要点。

为何有效？

融洽的关系就是联系。如果不从一项任务中脱身，不把注意力转向这个人，融洽的关系就无法发展——甚至更糟的是，可能会被破坏。

重要提示

从很多方面来说，电子邮件都便捷，但使用技术来联系会限制融洽关系的发展。在可能的情况下，去和人们进行真正面对面的交流吧。

202. 明确你的目标

事务繁多令我们很容易忘记教育的真正目的。电影制片人亚当·莱比锡（Adam Leipzig）在他的TED演讲"如何在5分钟内知道你的人生目标"中建议，知道你的人生目标可能是幸福的秘诀。当你感到不知所措，或者对与学生（或同事）的关系有所忽视时，不妨试试他的5分钟方法。为下面的每个提示提供一个一句话的答案。

1. 你是谁？
2. 你是做什么的？
3. 你是为谁做事的？
4. 这些人想要什么，需要什么？
5. 结果，他们是如何改变的呢？

我在下面给出了我的答案作为例子。

1. 我叫汉娜·比奇。

2. 我是副校长。

3. 我这样做是为了我们学校的学生和教职员工。

4. 这些人需要领导、引导、鼓励和挑战。

5. 结果，他们会感到满足，并朝着自己的目标前进。

为何有效？

根据莱比锡的说法，这个方法之所以有效，是因为只有两个提示是关于你的。这会鼓励你向外看。

重要提示

如果你有10分钟的空闲时间，看看这个演讲；它会让你对莱比锡的思想有更深入的了解。

203. 给学生设置目标

如果目标是幸福的秘诀（如前观点），我们如何确保我们的学生在学校有目标？确保他们感到自己与教育之间积极的联系，可以提高他们对教育的尊重。尝试这些技巧，让孩子在你的学校中有目标。

1. **分配工作。**图书监督员、图书管理员、小组长——什么角色无关紧要。关键是让学生对自己的空间和班级管理负责，有助于他们与学校生活联系起来。

2. **把学习和现实生活联系起来。** 给每节课设定一个目的真的很重要——为什么要学一些看起来毫无意义的东西呢？如果学生们知道你教的是有目的的课程，他们会因此而尊敬你。

3. **帮我个忙。** 让学生帮你忙。不要做什么高大上的事——只是传递信息或帮助同学学习就可以了。

4. **共同的目标。** 提醒学生们，你们是同一条战线上的——你们有共同的目标。这将有助于达成更好的团队合作以实现这些目标。

为何尝试？

所有的孩子，尤其是那些出勤率有问题的孩子，会因为一种使命感而更好地与学校和你联系在一起。

重要提示

可以在几周或每一届任期后轮换工作和职责。

204. 诚实是上策

总有那么一个学生，你觉得如果对他坦诚，可能会"失去"与他之间的关系，但如果你粉饰真相，试图让他置身事外，会发生以下两种情况之一：

1. 他们永远不会收到他们所需要的真实反馈，因此，他们不会做出重大的改变。

2. 他们会看穿你，觉得可以操纵你并利用这一点。

这种方式会破坏尊重和融洽关系，所以要对他们完全诚实。如果他们因为逃学而不及格，告诉他们；如果他们在原地踏步，可以做得更好，告诉他们；如果他们已经尽力了，但是没有进步，也诚实地告诉他们。

为何有效？

一旦你对学生坦诚，你们就可以一起找到改进的方法。

重要提示

在课堂上重视诚实。如果你想创造一个可以保持诚实的环境，那么对你照顾的学生也要这样做。

第 **10** 章

教与学

"**教**" 和 "学" 这两个词经常被当作一个词来看待，但实际上它们并不是一回事。当然，教与学是紧密相连的，因为它们是相互依赖的：教而不学是毫无价值的，学而不教可能学到的终归有限。为了便于思考，让我们先从最基本的术语来探讨教学。牛津大词典对"教"一词的定义是："传授知识或指导（某人）如何做某事。"很简单。这就是它的全部内涵：传授知识和提供指导。

用这些基本的术语来思考教学确实很有帮助。教育工作者肖恩·艾利森（Shaun Allison）和安迪·萨比（Andy Tharby）在他们的书《让每堂课都有意义》（*Making Every Lesson Count*）中采用了一种轻松的方法，该书指出了"奠定卓越教学的6个原则"。它们是：挑战、解释、示范、实践、反馈和提问。他们的书为日常课堂实践提供了一个常识性框架；它剖析了这6条原则，并为有效的教学方法提供了思路。另一位将教学艺术提炼成最基本要素的教育家是已故的巴拉克·洛森西因（Barak Rosenshine），他的教学原则影响了包括我在内的许多教师。

对于教师来说，教学永远是工作的核心，我们寻求策略来锻炼我们的技艺也就不足为奇了。教师热爱自己在教学方面的角色。事实上，我相信教学是一个人能从事的最专注的活动之一。我们可以进入一种最佳意识的"心流状态"，在这种状态下，头脑会非常专注，表现水平也会提高。在心流状态下，大脑活动从我们正常清醒时的β波慢慢降低到平和的α波（做白日梦时），进入到更深度的类似催眠状态的 θ 波。在我看来，有合理的理由推论，这种全神贯注的心流状态使教师面临精疲力竭的风险。尽管心流状态很美妙，但处于这种状态不会消耗我们的能量并导致疲劳吗？在我职业生涯的后期，我很想对教师的心流状态，以及它们是如何对我们的幸福感（积极的和消极的）做出贡献的进行研究，但现在，我只是提出这个想法供大家思考。

所以教学就是传授知识和提供指导。然后就够了吗？好像也不是。这么简单的概念就引发了这么多的挣扎和困惑。围绕教学的环境和叙述是多种多样的，这使得教学变得比其他任何定义要复杂得多。根据我的经验，任何涉及众多人的事情很快就会变得复杂起来，而教学肯定会涉及很多人。更重要的是，这些人恰好是年轻人，是正在发育中的人，是荷尔蒙分泌旺盛、情绪激动、社交不成熟的人。所以没那么简单的。

即使出于世界上最好的意愿，传授知识或提供指导也不会自动地带来丰富的学习。你可能已经注意到，有时，孩子们似乎妨碍了教学。你有最好的课程、资源和指导，但教学变得无效。这个普遍的问题（学习和教学相互脱节；有教学却没有学习）把我引向了近代最著名的教育作家的著作。认知心理学家丹尼尔·威林厄姆（Daniel Willingham）探讨了为什么学生不喜欢上学，他认为人类的大脑天生就不擅长思考，会尽可能避免这种费力的任务。如果威林厄姆的全部工作可以用一句话简洁地概括，那对我来说就是："记忆是思考的残留物。"[1]

这句话之所以如此深刻，是因为它的概念非常简单明了。我们思考的东西就是我们将要学习的东西，这一观点可以使我们作为教育者的角色变

---

[1]《为什么学生不喜欢上学？》一书，即将由中国青年出版社出版，本版本含十大认知原则，敬请期待！——编者注

得清晰。让孩子们思考重要的部分。教与学再次交织在一起。

人类大脑功能的复杂性仍然相对未知，但是一些有趣的关于学习的见解已经从神经科学中浮出水面。在我看来，了解什么是学习，什么不是学习，将有利于教师的课堂实践。然而，也有人认为，神经科学的发现还处于起步阶段，与教育无关，"神经废话"正在灌输给教育工作者。无论你的观点如何，我的建议是，密切关注认知神经科学领域的发展；你可以随意使用这些发现，但请记住，神经科学在课堂上可能会被误用或滥用。记住，从理论中退后一步，反思你的日常实践。

教与学的行为既令人兴奋又同样令人疲惫。教与学是教育工作的最基本的方面，它们贯穿于学校生活的每一个元素，因此，如果有什么事情你应该花时间来更好地理解——无论你是一名授课教师、助教，还是行政主管——那就是它们了。

要收集你对教学的想法，请思考以下提示和形容词（每样说3个）。

在理想的课程中，教学是……
在理想的课程中，学习是……

现在想想这些形容词在你的环境中有多接近现实。无论你的现实是什么，只要想想你希望教学和学习如何展开，就能帮助你为改进做好计划。

在这一章，你会发现各种各样的方法，有的可以直接应用到你的课堂实践中，有的会推动你进一步反思。教学和学习都是如此广泛的领域，所以选择这些观点的目的是提供信息、激发思考和鼓励反思，让你把握工作的真正核心。

205. 洛森西因教学法

教与学很容易变得过于复杂。有成千上万的想法和方法，但最流行的观点有什么共同点吗？它们都很简单。在一篇著名的文章中，巴拉克·洛森西因提出了10个基于研究的教学原则。

1. 每天复习之前的学习内容。

2. 提供小块的信息以避免过载。

3. 多问问题，尽可能多地检查学生的理解，进一步嵌入学习。

4. 向学生提供实例和模型，向他们展示"如何做"。

5. 指导学生实践，而不是让他们在学习新概念时探索或嵌入错误。

6. 在课程的每个阶段检查学生的理解情况，以减少错误。

7. 通过密切监控学生在课堂上的反应和表现，确保你在输入、练习和独立完成学习任务时的高成功率。

8. 为学生提供一个完成棘手任务的脚手架。

9. 确保提供大量的独立实践机会。

10. 提供每周或每月的复习机会来复习和回顾之前的学习。

为何尝试？

自主性和个人天赋在教学中很重要，但将实践建立在一套植根于研究的原则上也是明智的。

重要提示

领导者可以在会议上分享这些理念，确保教师了解基本原则。

206. 让每堂课都有意义

肖恩·艾利森和安迪·萨比在他们的《让每堂课都有意义》一书中提出了"奠定卓越教学的6个原则"。

1. **挑战**：确保学生对成绩有很高的期望。
2. **解释**：确保学生获得所需的知识和技能。
3. **示范**：确保学生清楚了解如何应用他们的知识或技能。
4. **实践**：让学生融入学习。
5. **反馈**：确保学生思考并进一步发展他们的知识和技能。
6. **提问**：让学生努力思考。

为何有效？

肖恩·艾利森和安迪·萨比利用这些原则制定了学校的教学政策。虽然是结构化的教学方法，但仍然看重教师的自主性。

重要提示

为了在你的学校中贯彻这些原则，请教师们思考，如何在他们的教学实践中反映每个原则。通过对日常实践的真实讨论来激发兴趣。

207. 教学方针和学习方针

教学方针和学习方针不是必须的，但是如果你想制定一个，就要确保它简单、有效，并且由你的团队制定。更好的方法是，尝试创建两个独立的文件，一个用于教学，一个用于学习。

1. 在员工会议之前，要求教师们单独思考，在教学和学习中什么对他们来说是重要的。这应该只需要几分钟的思考时间——没有额外的工作量！

2. 会议以讨论"什么是卓越的教学"为中心，列出所有已确定的优先事项，包括明确的指导、适当的挑战或有效的提问。

3. 将这个列表按照卓越教学的5个最重要的要点提炼。

4. 轮流进行分享。集体决定最重要的5个要点。这5点将构成教学方针。

5. 重复这个过程，记住要学习的东西。优秀学习的特点可能包括集中注意力、善于提问、从错误中学习等。

6. 将教学和学习策略整理成一份简洁明了的文件（使用简单的表述）。

7. 与团队分享这些内容，并在教室里张贴海报。

8. 试着将这些文件称为"指导方针"，而不是"政策"。

为何有效？

为教学和学习制定方针将使其与学校更紧密相关，并与教师更紧密相关。当教师们在某件事情上有了投入时，他们就更有可能重视并运用它。

重要提示

与学生分享学习方针，确保他们理解每一个要素。

208. 目标明确的教学计划

你或你的团队在计划上花了多少时间？对教师来说，计划是最费时的活动，所以要遵循这些注意事项，确保你学校的计划是有目的的，而不是毫无意义的。

高层领导

1. 不要期待员工每周提交计划。

2. 关于如何有效地计划，你需要有一些简单的指导方针。

3. 不要要求固定的计划格式。

4. 一定要知道你的学校会有什么样的计划。

5. 不要只在形式上监督每天的计划。

6. 要以团队为单位讨论计划，分享好的实践。

7. 不要期望教师做过多的计划。

8. 提供优质资源（例如知识点框架和示意图）及充足的时间，让教师进行有效的计划。

教师

1. 不要把时间花在每日的计划上。

2. 要思考循序渐进的长期计划，以及复习练习的计划。

3. 不要试图自己做所有的事情。

4. 一定要与同事或专业人士合作，分享想法和资源。

5. 不要花太多时间重复创建已经存在的资源。

6. 如果教科书和其他资源契合你的目的，一定要使用它们。

7. 不要为考核而创建计划。

8. 制订能够加强和指导学生学习的计划，以及有利于你自己教学的计划。

为何尝试？

计划是有效教与学的重要因素。如果课程计划得当，学生的表现会更好，行为问题会更少，结果也会更好。

重要提示

记住，大家是在一条战线上的。对于教师，避免过多的计划就是在帮助他们；对于高层领导团队，确保计划中没有任何机密就是对他们的帮助。

209. 简约而聪明的课件

你的幻灯片课件会无意中限制学习吗？下面的建议旨在优化学习而不是妨碍学习。

1. gif动图和剪贴画可能会让你的幻灯片生动，但不必要的图像会把学生的注意力吸引到不相关的内容上。相反，最好使用与背景相关的视觉效果。

2. 当照片和视频过于详细时，会把学生的注意力从目标上引开。简单的线条画效果更好。

3. 有关过程的图像会重新点燃人们对内容的思考，将学生的思维与先前的学习联系起来。

4. 在（相关的）图片旁边放上文字比只罗列文字更有效。

为何尝试？

许多教师依赖于演示文稿，所以对他们来说，促进生成良好的学习效果很重要。

重要提示

避免在幻灯片和演示文稿中使用大量文本，以保持页面简洁明了。

210. 教学输入

教学输入不只是在一节课的开始阶段。输入的目的是教师嵌入或扩展孩子的知识或技能。这里有一些简单的技巧，可以确保你的教学输入是有效的。

1. **告诉学生这节课的目的。**这可以成为真正的学习动力。有时目的很明确——比如，学习与金钱相关的知识。有时目的很难解释，但你总能找到一种方法来证明为什么这节课与对学生的培养或生活相关。

2. **把关键信息带回家。**明确你需要让学生在这一课中学到的知识。重复关键内容，并让学生展示他们所理解的内容。

3. **听。**倾听学生的反应是帮助你决定需要在哪里下功夫的好方法。如果你通过提问来评估学过的内容，你就可以很好地理解接下来需要教授的内容。

4. **教授新的词汇。**学习新知识往往会带来新词汇。除非你把新词的意思弄清楚，否则这会成为一个真正的障碍。

为何尝试?

通过有效的教学输入来引入或巩固学习，可以说是教学的全部意义所在。

重要提示

当学生似乎对输入的信息没有反应时，放慢速度。分解每一步，或者回过头去重新探索知识。

211. 分段教学

当课程进行到一半时，学生应该对正在学习的东西有所把握了。理想状况下，我希望看到学生朝着一个最终目标迈进，虽然有一些挣扎，但是注意力高度集中。如果课程进行到一半，你注意到学生们陷入困难，这可能意味着他们还没有很好地掌握这个概念，或者他们发现自己缺乏动力——也许这项任务太简单，或者只是没有那么有趣。以下是一些改进课程的技巧。

1. 扫视教室。看看学生的学习行为是否集中在任务上? 可能包括有重点的对话、自我对话、达成良好的结果，以及学生完成作业。

2. 找出表现出偏离任务学习行为的学生或小组：偏离任务对话、没精打采、怒气冲冲、胡闹或在实现预期结果方面缺乏进展。

3. 通过提供一些分段教学来解决偏离任务的行为，你可能需要重新教授，或者回顾已学的内容，或者提供更有挑战性的工作。也可能是需要一次激励性的谈话。

4. 如果偏离任务学习的行为远多于任务学习行为，那么就应该停止整个课程，进行一些分段教学。

为何有效？

有时候，一节课开始时很好，但慢慢地就会走下坡路。花点时间去寻觅学习表现的迹象，可以帮你继续上好课。

重要提示

如果你很幸运，班上多了一位成年人，让他们在整个课程中扫视一下教室，看看是否需要一些分段教学。

212. 示范

示范是洛森西因的教学原则之一，是一种自然的、直接的教学策略。这里有7个建议，可以最大限度地提升你的示范效果。

1. **计划如何示范**。花一小段时间思考你将如何构建一个概念或结果，这真的可以提高你的信心。有时最简单的概念是最难示范的。

2. **活泼的示范**。给学生提供一个生动的模型，向他们展示的是整个过程，而不是结果。

3. **顺其自然**。示范太快或太慢都会影响学生的学习进度。扫视一下教室，决定你是应该加快速度还是放慢速度。定期检查学习情况！

4. **在整个课程中使用示范**。使用各种资源对整个班级进行示范；调整学习时间以适应那些需要进一步指导的学生；在课程结束前，为学生们提供相互示范学习的机会。

5. **叙述你的示范。**这么做可以让学生听到你的想法。有时你实际上是在示范如何思考一个过程，而不是过程本身。

6. **简化。**通过一次示范一个部分来分解较长的流程。

7. **使用工作实例。**提供一个成功的例子来帮助关键的学生。

为何尝试？

示范在一个教师的一天中占据了很大的比例，所以充分利用你的示范来优化结果。

重要提示

随着时间的推移，减少示范，让学生自己思考。

213. 慢慢结束一节课

在一节课结束的时候，我们会感到学习的速度飞快。要想让一节课有一个应有的结局，就要让学生有机会总结他们学习的各个方面。分配大约一分钟用于配对讨论，两分钟用于与全班同学分享想法。选择以下其中一个作为重点。

1. **最后3个词：**让学生选择3个词来总结所学的内容。

2. **最后3种感觉：**让他们选择3个词来描述这节课给他们带来的感觉。

3. **最后3个事实：**要求学生复述课文中的3个关键事实。

4. **最后3个问题：**允许学生根据当天的学习情况提出3个问题。

5. **最后3个策略**：讨论课堂上使用的3个关键策略或技巧。

为何有效？

这种方法可以让学生对课文进行反思，把学习的关键方面结合起来。慢慢地结束一节课，可以帮助教师理解学生们得到了什么。

重要提示

向全班展示你的"最后3个事实"或"最后3个想法"。让学生们在一个小白板上查找并列出这些信息——这将确保他们对这节课有所思考。

214. 差异化教学输入

多年来，人们对差异化的反应非常糟糕，这增加了他们的工作量，在某些情况下，还降低了他们的学习成果。值得庆幸的是，对差异化的思考正在改变。为了在你的课堂上充分利用差异化，可以尝试以下建议，以便在教学输入中支持不同类型的学习者。

1. 向最优秀的人传授知识，但如果有必要，要循序渐进，而且要讲清楚。通过提供能让学生思考及扩展知识、技能或理解的内容来挑战学生，将使他们参与其中并优化进步。

2. 要灵活。如果你注意到输入的内容太简单或太有挑战性，那就调整你提供的内容来回应学习者。你会注意到音调是否过高或过低，因为学生可能会变得心不在焉。用频繁的提问来检查学生是否理解了，这会帮助你确定下一步该怎么教。

3. 团队协作。如果你足够幸运，在课堂上还有一个成年人，确保他们与关键学生一起，在输入过程中提示、解释和提问。

4. 让你的问题多样化，有针对性地提问。

5. 提供可能对学生有帮助的资源，如乘法表或词汇表。

6. 给所有配对练习的问题做层层铺垫，这样问题就会越来越难。所有的学生都可以和他们的同伴一起解决问题，但那些有信心的学生会更快地解决问题。

7. 试着按能力进行分组，让学生能够互相学习。

为何重要？

思考如何确保教学资源符合学生的需要，可以帮助课程有一个正确的开始。

重要提示

对于某些学生，如果他们能提前完成学习任务，那就太好了——在课程结束时，余下的时间可以用于进一步的引申和变化。

215. 学生扮演专家教学

你们班级最优秀的学习者如何帮助其他学生？这种策略允许学生扮演专家的角色，帮助他们班上的其他人。它的目的是最大限度地提升学生的理解，通过表达他们所知道的内容来帮助同学。

1. 在教室后面摆张桌子。桌子一边有两把椅子，另一边也有两把。在白板上准备一组与所教授的主题或方法有关的问题。

2. 当学生已经出色地完成了他们的任务时，请他们坐在专家桌前。

3. 他们可以一起探讨准备好的问题，为面试做准备。

4. 派两名学生到专家桌前。让他们就这个话题对"专家"进行测试。

5. 也要给面试者一个提问的机会。

6. 如果你觉得他们已经准备好了，那就让面试者成为新的"专家"，传授他们从面试过程中获得的知识。

为何有效？

学生对学习拥有自主权，可以成为他人学习的促进者。给学生一个教书的机会，可以帮助他们巩固所学的知识。这种方法为孩子加深自己的理解提供了有意义和有价值的途径。

重要提示

在你要求学生们扮演专家的角色之前，一定要确保他们对某个概念完全掌握。

216. 给出差异化的讲解

你的学生学习的速度是否不同？我猜是的。在那么多课堂策略里，以下是简单、可行而有效的策略，用来区分不同的学生。

1. 向学生解释，他们将从你那里得到3层解释：第一层是最基本的，第二层将在此基础上建造，第三层将进一步拓宽解释。例如：

  • 基本解释：在古埃及，人们死后，尸体会被制成木乃伊，以供来世使用。

- 建造解释：这个过程包括……

- 拓宽解释：我们知道这一点是因为……

2. 在基本的讲解之后，让学生复习他们对概念的理解。如果班上的大多数学生都掌握了基本知识，那么你就可以开始在此基础上进行建造了。

3. 继续，直到你能给出更广泛的解释为止。

4. 对于那些学东西很快的人，可以添加第四层：超越。这是一个机会，让高度自信的学生通过自己的探究，解决一系列挑战性任务，探索更多更深层次的概念。

为何尝试?

从基础课程开始，让所有的学生处于平等的地位，把学习者聚集在一起。没有人掉队，你就知道每个学生理解了多少。

重要提示

如果有人在3层解释之后仍停留在基础上，那就再回到基础上来。这会使他们不再感到不知所措。

217. 设立一个解释小站

你是否发现自己一遍又一遍地重复同样的指示或解释？建立一个解释小站来演示你的策略，而不必实际监控或管理这个区域。

1. 在你的教室里，摆一张名为"解释小站"的桌子。当你已经解释过，但学生仍然搞不懂方法时，他们就可以在课上参观这个区域。

2. 设置一个计时器，看看你能在5到10分钟内准备多少种不同的解释。你可以试试：一张教学海报；带有步骤的视觉提示或图表；一个链接到网站的二维码；工作示例；预先录制的分解步骤。你甚至可以请人坐在桌子旁现场讲解。

3. 当学生们来上课时，告诉他们解释小站可以帮助他们。

为何有效？

学生们掌握了学习的主动权，可以解决他们自己的误解。

重要提示

作为一项扩展任务，请优秀学生帮助你制作方法海报；这些海报可以放在下一次课的解释小站里。

218. 10个快速提问技巧

提问无疑是教师的重要工具。通过提问，我们了解学生所知道的知识，这为我们下一步的教学提供了重要的线索。虽然提问对教师来说是很自然的，但我们可能会发现自己落入了阻碍学习的陷阱。那么，你怎样才能充分利用课堂上的提问呢？试试以下10种方法。

1. 发表陈述，让学生同意或不同意你的观点，证明他们的回答是正确的。
2. 制作一张问题表格。
3. 扫视房间，寻找"合适的孩子"来回答问题。
4. 提出问题供小组讨论。听一听，然后替他们向全班同学复述。

5. 避免问以"谁"开头的问题（例如："谁能告诉我……？""谁想解释……？"）。

6. 一旦你得到了答复，询问"为什么？"或者"怎么做？"，即使答复不是你所期望的。

7. 创建多项选择题。（但要注意你提供的选项！）

8. 提供一个错误的陈述，让学生证明为什么你是错的。

9. 用低阶（回忆）问题和高阶（思考）问题来改变提问。

10. 不要提问过度。提问是一种评估和激发思考的工具。仔细选择你的问题，记住，如果在你启发学生后，他们还是一头雾水，就直白告诉他们。

为何尝试？

教师们每天花很多时间提出问题。杂糅提问方式，确保开放式问题和封闭式问题的平衡，会使回答变得有趣和有用。

重要提示

注意哪些学生适合回答什么问题，而不是搜寻那些你在课堂上还没有提问过的学生。

219. 更具包容性的提问

你是否发现只有少数学生选择参加讨论、举手或在课堂上发言？当我们以"谁知道……""谁能告诉我……"或"谁想……"的方式提问时，就是在默许学生选择是否参与。这里有一些替代方案。

1. 不要问"谁知道当我们把糖和水混合时会发生什么",而是试着说："我一直在想,当我们把糖和水混合在一起时会发生什么?本,你都知道些什么?"

2. 不要问"谁能告诉我副词是什么",试着说："我知道副词也有作用。艾拉,说说你对副词的理解吧。"

3. 不要问"你能告诉我亨利八世统治时期的名字吗",试试"我想知道你对亨利八世的统治是否了解。尼莎,告诉大家你已经知道了什么,或者你想发现什么"。

为何有效?

重新调整我们的问题可以完全改变学生的回答方式。问"你能……",显然,答案是"不,我不能",但通过重新措辞,我们就能鼓励学生充分参与。

重要提示

记住给学生一段适宜的时间思考,然后做出反应——不要害怕等待10秒钟,以便让孩子们整理他们的想法。如果他们仍然没有回复,告诉他们,你会找到时间再来提问他们,并且一定要这么做。

220. 拓展学生的回答

如何利用提问来推动学习,而不仅仅是推动课程?我们常常被诱导去问一个问题,一旦抓住正确的答案,就进入我们计划的下一部分。相反,可以通过使用这些简单且适用性强的提示来拓展学生的回答,从而放慢速度。

1. 关于这个你还知道什么？

2. 你为什么不说……？

3. 告诉我另一个有关的问题。

4. 证明你为什么是对的。

5. 是什么帮助你做出这个决定的？

6. 如果我说……？

7. 你会弄错吗？

8. 这也适用于……吗？

9. 再解释一遍，这次用……

为何尝试？

这是一种很好的方式，可以让你评估学生真正理解了多少，以及他们还不知道什么。它也帮助学习者清晰地表达和加强他们自己的理解，同时为他们的同伴提供向其学习的机会。

重要提示

在闪卡上写下提示，并在班级讨论时分发。学生们也应该养成相互拓展回答的习惯。

221. 授课语言：质重于量

许多有经验的教师都被告知他们应该少说话。一位顾问在观察后告诉我，教师表述不应该超过10分钟。现在回想起来，给实习教师这样的建议似乎很奇怪。这意味着，所有的概念都可以在10分钟内解释、示范和掌握。过去，人们认为教师表述是浪费学生的学习时间，但是最近的研究揭示了教师表述的力量。这里有5个简单的方法，可以确保教师讲得引人入胜、切中题目。

1. **计划好你要说什么。**这听起来似乎是显而易见的，但花点时间认真思考一下你需要讲什么，可以帮助你向学习者清晰地传达关键信息。

2. **简化。**教师的话很容易变得废话连篇，总是没完没了地来回解释。如果你发现自己迷失了方向，请停下来片刻，整理一下思绪，重新集中精力学习。

3. **对你说的话表现出兴趣。**如果你通过生动活泼的话语表现出对某个话题的真正兴趣，学生们就更有可能感兴趣地跟随你。

4. **保持灵活性。**虽然计划好你要说什么是关键，但你需要在解释或讨论时考虑一些灵活性。当谈话朝着你意想不到的方向发展时，要使其直接、清晰、有趣。

为何尝试?

教师一天的大部分时间都花在讲话和解释上，所以花点时间让你的话语更有感染力。

重要提示

小心跑题。学生们真的可以很有技巧，把教学转向他们自己感兴趣的领域。有时候，稍微跑下题是有用的，但是不要让自己偏离学习结果。

222. 注意你的声音

　　所有的教师都会发出"教师的声音",而这种声音通常是在没有太多意识思考的情况下发生的。如果你曾经把自己教学的过程拍下来,然后再看一遍,那么你的第一反应很可能是,"我的声音真的是那样的吗?"通过在课堂上尝试不同的发声方式,最大限度地提高学生对你教学的关注度。

1. **音量。**改变音量可以让学生敏锐地听你说话并保持注意力。
2. **音高。**我曾经认识一位老师,她被告知她的声音太高、太尖。这种反馈有点过头了,但是你可以改变你使用的音调,这样你的声音听起来就不会单调了。
3. **停顿。**在适当的时候停顿一下更好。
4. **速度。**我注意到,有些教师说话太快,我根本不知道他们在说什么。还有一些人说得很慢,我的脑子开始乱转。语速的改变会让事情变得有趣。说话时,要有目的地改变语速。
5. **身体动作和手势。**手和手臂的姿势以及在教室中走动可以使信息的传递更加有趣。

为何尝试?

　　在声音中加入一点思考,可以让教师的话语更有吸引力。有效的教学声音质量也可以塑造优秀的公众演讲。

重要提示

　　录下你自己的声音,看看你对自己的声音还有什么要注意的。

223. 目标明确的作业

　　布置家庭作业有什么不同吗？家庭作业对学习有意义吗？它是否促进更高的成就，并教授学习技巧和责任感吗？很少有研究考虑到作业设置的质量、学生的反应能力以及与空闲时间成正比的工作量。如果不评估这些条件，将家庭作业与成绩联系起来的证据仍然不足。心理学家米哈里·契克森米哈赖（Mihaly Csikszentmihalyi）创造了"心流"这个词，用来描述一种感觉满足、沉浸在一项任务中的状态。我们可以用这个理论来指导我们如何布置作业。挑战在于，如何判断学生能否在没有教师专业知识的情况下完成作业。我们又如何避免学生和家长说，"我们以前做过这个作业"？

1. 试着在小学阶段不设置固定的家庭作业，而是定期提供家庭"可能"想要尝试的想法的概述——例如活动或郊游。
2. 在数学、阅读和拼写方面使用简单的小测验或在线测试。测试没有评分，它减轻了许多收集和检查的压力，使责任落在学生，而不是教师身上，并且为学生提供了一个简单的方法，来自我评估他们的表现和成长。

为何尝试？

　　如果我们为学习者设定有意义的任务，让他们自己选择，并且有一个明确的目标，他们更有可能在挑战过度和挑战不足之间找到一个平衡点；他们可以从冷漠状态转向心流状态。

重要提示

请阅读米哈里·契克森米哈赖的《心流》（*Flow*）这本书，来了解更多关于这个概念的知识。

224. 比较评估法

教与学是一件复杂的事情。日益严格的问责程度和对教师"展示进步"的需求意味着，这也正成为一个压力更大的行业。再加上认知科学领域的发展，特别是认知负荷理论，以及对教师教授批判性思维技能的要求，很明显，教与学正变得更加复杂和微妙。遗憾的是，我们的问责制制度选择通过评估每位教师来分析教学、资金和责任的复杂性。但改变这种状况的一种方法是解决教育领域中最大的一个问题：评估。

鉴于目前研究和循证方法的流行，这是一个令人兴奋的时代。尽管瑟斯通的比较评估法可以追溯到1927年，但很少有教师听说过心理学家路易斯·瑟斯通（Louis Thurstone）。他的方法要求评估员（或教师）只对质量做出有效的决定，因此，根据研究，详细的评估方案为追求可靠性提供了一个彻底的替代方案。

我非常喜欢比较评估和用于考试的比较评估模型。在课堂上也有很多方法可以实现这一点，在教师团队中，一些考试委员会已经提供这种工具，来评估学生在一年内而不是在一次性考试中的表现。这场争论在新型冠状病毒肺炎危机之后变得更加突出，英国资格认证和考试管理办公室要求教师评估学生2020年期末考试时可能取得的成绩，还要求教师将每个学生与他们认为会获得相同成绩的其他学生进行排名。

希望我们能在疫情后改革考试模式。鉴于教师和学生在疫情期间远程工作的经验，到2030年，我们可能会看到一种新的评估模式的演变。

为何重要？

所有好的团队和部门都应该定期进行调整。如果你的团队只是你自己，那就适当地设置一些系统来缓和你的偏见及预测。

重要提示

积极改进你的评估方法。

225. 像冠军一样教学

道格·莱莫夫（Doug Lemov）那本广受欢迎的书《像冠军一样教学》充满了教学理念。以下是他建议的4个策略。

1. **拓展。**我们应该拓展思维，向学生提出一个额外的、更有挑战性的问题，让他们回答。简单，但有效。

2. **设定时钟。**使用时钟来设定任务时间和倒计时活动，可以让教师和学习者以正确的节奏学习。莱莫夫说，为任务设定时间就会设定期望。

3. **提问与回答。**对学生来说，向学生提问并期待他们做出一致的回答是一种非常有吸引力的做法，对教师来说也是一种有用的评估工具。

4. **现在就做。**教师为学生们设置一个简短的、可管理的和相关的任务，让他们一进教室就完成，从而减少浪费时间和分心的行为。

为何重要？

莱莫夫提供了许多经过检验的实用方法。

重要提示

莱莫夫的书《像冠军一样教学：引领学生走向卓越的62个教学诀窍》（*Teach Like a Champion 2.0*），为教学和学习提供了更多建议。

226. 四格精进教学法

如何使团队的教学效果最大化？请尝试以下方法。

1. 4位老师分别代表4个方格。

2. 对应每个方格的老师各自拍摄自己的教学。

3. 教师私下反思他们所看到的，选择一个重点去关注和改进。

4. 每个人给其他方格的人进行一分钟的演说，解释他们在自己的实践中要聚焦什么以及为什么。

5. 4个方格里的每个教师都扮演着一个角色：教师、记录者、提问的学生、反馈者。另外3人用10分钟的时间观察"教师"，关注焦点。

6. 3人讨论他们所看到的，并就分享的反馈意见达成一致。

7. 给教师非正式但直接的反馈。

8. 教师对反馈进行有意义的反思，并在必要时寻求进一步的支持、资源或研究。

9. 4人交换角色，随着流程的继续，每个人轮流扮演每个角色。

为何尝试？

哈佛大学教育研究生院发表的一项研究发现，"能促进积极的团队互动的工作环境更有可能支持学生的学习"。

重要提示

确保教师将他们的经验反馈给高层领导团队。这会带来进一步的反思。

四格精进教学法

聚焦	
教师	重点

时间表					
次数	日期/时间	教师	记录者	提问的学生	反馈者
1					
2					
3					
4					

结果				
次数	1	2	3	4
三人会议日期/时间				
三人反馈日期/时间				

227. 克服听课紧张

同事来听课会让你觉得自己正在被审视——我还没遇到过喜欢这种感觉的人呢！当我们被人观察时，我们怎样才能更有安全感呢？

1. 不要为了听课而改变你的课堂环境、教学方法或内容。

2. 提醒自己听课可以帮助你改进教学实践。没有不好的反馈。只有反馈。

3. 你最害怕的是什么？问问你自己，那是否真的会发生。即使最坏的情况真的发生了，接下来会发生什么呢？通常情况下，你最害怕的结果只会是，你得到反馈，表明有些事情应该改变。

4. 不要给自己过多思考听课结果的时间。通过享受正念、锻炼或与朋友社交来维护自己的健康。

5. 享受被听课。这听起来可能不现实，但是利用你的肾上腺素来炫耀你每天做的事情吧。

为何有效？

听课在你的学校中可能是必不可少的环节，所以可以通过处理负面情绪来做好准备。这将有助于你在这一天感到放松，有备无患。

重要提示

和同事谈论紧张的感觉。他们可以为你提供支持。

228. 利用记忆教学

如果学生能记住我们教的东西，那么我们的工作就是成功的。越来越多的研究揭示了记忆在教育中的作用，下面的这些建议可以帮助你在课堂上充分利用记忆。

1. 避免阻碍学习。人们认为，在学习中结合多种技能的练习，要比单一地教授相同的学习技能，对长期记忆有更好的影响。

2. 一旦你学会了一件事，问问自己，什么时候会忘记？然后在它被完全"遗忘"之前重新教授。对先前学习内容的记忆和检索行为会强化学生的长期学习。

3. 在你开始一个话题之前进行测试——这会给学生一个机会来回顾他们所学的知识，你也有机会看看哪些知识点被记住了，哪些没有。

4. 休息一段时间后再进行测试。我们经常会教一些东西，然后马上测试学生的能力，但要看看真正学到了什么，应该在较长一段时间后测试学生。

5. 要注意，一旦你教授了一种技能，不要过度示范。一定要让学生用自己的记忆来回忆和记住成功的步骤。

为何重要？

运用此研究方法可以提高儿童的学习能力。

重要提示

准确地告诉学生，你想让他们记住什么，强调它的重要性。

229. 玩转解题策略

你的学生会忘记数学解题策略吗？试着用这7种方法一劳永逸地嵌入数学解题策略吧！

1. 口头重复这个策略，使用例题一步一步地深入。

2. 安静地示范这个解题策略，让孩子在你示范时叙述。

3. 让学生和他们的同伴讨论这个策略，但要漏掉一个关键的步骤。合作伙伴必须找到遗漏的步骤。

4. 要求学生为这个策略制作一个教学海报或制作一个视频来解释它。

5. 把策略步骤写在纸条上。让学生们尽可能快地安排好步骤。作为一项挑战，你可以随机加入一个步骤，看看他们是否认为这是不必要的。

6. 与家长和监护人分享策略，以确保家庭和学校方法的一致性。

7. 在每张桌子上放置一些文件架，并在里面放置策略海报。

为何尝试？

许多数学策略可能包含多个步骤，很容易被忘记。一旦一个策略被完全理解并嵌入其中，它就会变成自动的，使工作变得更容易。

重要提示

一旦策略被嵌入，移除教学支持，让学生从他们的记忆中检索步骤。

230. 数数、重复、写作

我们如何培养学生的写作能力？试试这个"数数、重复、写作"的策略，可以给那些不知道如何组织语言、形成句子的孩子们试试。

1. 让学生口头组织他们的句子。如果他们在思想上有些许挣扎或缺乏适当的词汇，就给他们一些帮助。

2. 练习大声朗读句子，让学生跟你一起重复句子。重复这个步骤，直到他们能在没有提示的情况下说出这个句子。

3. 接下来，再重复一遍这个句子，这次说的时候用手指数每个词。

4. 在学生的作业本上，用铅笔和尺子为每个词画一条线，彼此隔开。

5. 口头重复这个句子，当你说每个词的时候，指着一条线。

6. 让学生在所画的线上写出每个词，形成自己的句子。

7. 要么静静地观察，要么让学生完成句子。写完后，和学生核对句子，对遗漏或错放的词进行调整。

8. 重复每句话，注重质量而不是数量，记住每个想法对学生来说都像是攀登珠穆朗玛峰。

为何有效？

这种方法在我们班上（6—11岁）"初出茅庐的作家"身上非常有效。它放慢了思考过程，并给予学生适当的自主权。随着时间的推移，学生在书写基本句子时会变得越来越独立与熟练。

重要提示

在检查学生的句子时要照顾到学生的自尊心。首先注意句子的结构。

231. 三面闪卡

闪卡是练习关键技巧的绝妙方法。这种三面闪卡有助于基本知识和技能的应用。你可以自己制作卡片，或者让你的学生制作一组卡片，在教室里分享，以便复习。

1. 把一张A5卡片折成两半，做成一张闪卡。

2. 在一面，添加银点或银边。在另一面，添加金点或金边。

3. 在银边卡一面，附上一个基本的问题，比如36 ÷ 5。你可能希望提供多个问题（都与同一技巧有关）。

4. 在金色的那一面，写下一个与技能相关的问题，例如："鸡蛋盒里装着6个鸡蛋。我有54个鸡蛋可以装满多少个鸡蛋盒？"

5. 现在打开折叠好的卡片，记下一些简单的方法步骤和一个示例。

为何有效？

该方法有助于学生在复习过程中进行3个阶段的区分。如果学生卡住了，他们可以看一眼这个方法，练习银卡阶段，接下来挑战金卡阶段。

重要提示

如果是学生制作卡片，在他们分享问题之前，一定要先给同学或教师检查。

232. 识别"心流"

正如我们在前文提到过的，米哈里·契克森米哈赖创造了"心流"这个词，用来描述一种感觉满足、完全沉浸在一项任务中的状态。但你如何知道自己是否处于"心流"状态呢？以下是心流的8个特征。

1. 全神贯注。

2. 清晰的目标。

3. 时间的变换（加速或减慢）。

4. 感觉到内在意义。

5. 感觉轻松。

6. 挑战和技能之间存在平衡。

7. 自我意识的缺失。

8. 有一种控制任务的感觉。

为何重要？

首先，心流状态对你的健康和表现有好处。其次，帮助你的学生体验心流状态也有助于他们的健康和表现。

重要提示

想想看：如果你环顾四周，发现教室里明显缺乏"心流"的8个特征，你下一步会怎么做？阅读更多关于心流的内容。

233. 进入心流状态

根据米哈里·契克森米哈赖的理论，"心流"可以提高创造力，优化表现，提高幸福感。那么，教育工作者如何才能充分利用课堂上的心流状态呢？

1. **向教师宣传。** 分享一篇关于心流知识和心流好处的文章或主持一次会议，都可以激发团队的兴趣。

2. **反思。** 让教师思考是什么让他们进入心流状态。如果你能在自己身上发现这一点，你就能做得更多！

3. **让孩子们参与进来。** 向你的学生解释契克森米哈赖的作品。即使是处于低年级，孩子们也能掌握对心流状态的简单解释。

4. **反思。** 让学生思考是什么让他们进入心流状态。帮助他们了解心流的感觉如何，以及他们如何从中受益。

5. **为心流做计划。** 什么样的学习经历可以增强学生的心流？每一节课都实现心流状态可能不现实，但尽量为心流提供机会，诱导学生学习。

6. **寻找心流。** 上课时，扫视一下教室，看看学生的沉浸感如何。你可以使用心流的8个特征（参见前文的观点）。

为何尝试？

高效率、创造力、高度专注和享受——对我来说，这听起来像是一个极好的课堂环境。

重要提示

如果一个孩子在所有科目上都缺乏心流和专注力，也许是时候进行讨论并帮助他了。

234. 关键的对话艺术

对于年轻的学习者来说，交谈是一项关键的技能。研究支持这样一种观点，即发展儿童的语言和沟通技能，有助于提高他们的学业成绩。交谈不仅仅是礼貌，也是一种必要的生活技能，孩子们也能从中受益。这里有4种方法可以实现在学校内外有效交流。

1. **教授**。明确地教学生如何进行对话，可以确保他们了解双向对话的来龙去脉。

2. **操练**。与学生进行一对一的对话，示范优秀的倾听和回应。

3. **提升**。通过为学生提供话题点来鼓励课堂上的对话，并表扬那些对话成功的学生。

4. **提示**。通过提供"询问我"的提示，来支持学生在家里的对话。例如，如果学生在课堂上一直在学习河流知识，那么提示可能是"询问我所学的著名河流"。这些提示可以避免家长在问到学生当天学到了什么时，得到"什么都没有"的常见答案。

为何尝试？

来自哈佛大学和麻省理工学院的一组科学家发现，通过反复对话与孩子们交谈，有助于大脑发育和语言能力的发展。

重要提示

学习掌握更多的对话艺术。

235. 从学前班就重视表达

英国杜伦大学进行的研究发现,有证据表明,从一年级就开始高效学习会使学生的成绩不断提高,一直持续到中学结束。这就强调了确保所有孩子在一年级的学习中取得成功的重要性,而学生们在一年级必须培养的一项重要技能就是"语言表达"。通过以下10个技巧,确保整个学前班阶段都能鼓励孩子们说话。

1. **每天教新词**。计划好要教的相关的词汇,把说话放在优先位置。

2. **纠正发音**。当孩子发错音或误用一个词时,重复正确的发音。你也可以让他们复述给你听。

3. **树立榜样**。出现在教室里的所有成年人都应该正确地说话,给孩子们树立最好的学习榜样。

4. **使用问题**。有效的提问能鼓励孩子详细阐述、证明和重新思考,这能促进良好的对话技能。

5. **不要忘记倾听**。学习有效谈话的一个重要部分是学习倾听。

6. **使用同义词**。例如,当一个孩子说"天很冷"时,用另一个同义词重复他们说的话:"天气寒冷。"这就扩展了他们的词汇量。

7. **表扬很棒的谈话**。当孩子使用一个新词或自信地交谈时,要让他们知道这是被认可和重视的,可以这样表扬他们:"这是对'闪烁'这个词的绝妙用法,多么棒的一个词!"

8. **拓展孩子的思维**。例如,如果孩子说他们最喜欢的水果是苹果,你可以这样说:"我最喜欢的水果是橙子,因为它多汁又甜。"

9. **利用歌曲、故事和韵律**。这是扩展词汇量、建立句子结构并帮助孩子理解声音的好方法。

10. **说话时要注意语调。**模仿如何在不同的情况下改变声调、音量和音高，可以帮助孩子探索用不同的方式运用自己的声音。

为何尝试?

我们的生活在很大程度上依赖于有效的沟通和语言的使用。越早培养孩子的自信就越好。

重要提示

将在课堂上讨论的词汇、故事、韵文和歌曲作整理并与家长分享，家长们就可以在家里帮助孩子们学习和练习。

236. 培养读写能力

人们普遍认为，培养学习者的读写能力有多种好处。教育捐赠基金会的《读写能力培养指南》(*Preparing for Literacy Guidance Report*)为培养早期读写、语言和交流能力提出了7项实用的建议。

1. **优先发展沟通和语言。**与孩子们进行丰富的对话，可以很好地塑造他们的沟通模式。
2. **用平衡的方法培养孩子的早期阅读能力。**使用如讲故事、唱歌和背诵诗歌等多种方法，比使用单一的方法更有效。
3. **培养孩子的写作能力和动机。**通过写作提供一系列交流的机会，优先使用表述性语言，确保学生快速、准确和有效的书写。

4. **为发展自我调节提供机会。**确保活动具有适当的挑战性，学生有机会通过"计划—实施—回顾"等活动进行自我调节。

5. **支持家长帮助孩子学习。**要做到这一点，可以鼓励家长与孩子一起阅读，也可以鼓励他们参加学校举办的关于如何有效地与孩子阅读和交谈的研讨会。

6. **使用高质量的评估。**正确的评估有助于确保学生得到他们所需要的支持，取得良好的进步。

7. **使用高质量的有针对性的支持来帮助有困难的儿童。**成年人必须做好充分准备并接受培训，以支持弱势儿童群体。

为何重要？

这一指导性报告是建立在坚实的循证基础之上的，值得探索。

重要提示

认认真真实践以上指南。

237. 威林厄姆的认知理论

我们如何利用我们对大脑功能和能力的了解，来最大化地学习？如果你没读过丹尼尔·威林厄姆的书《为什么学生不喜欢上学？》，把它放在你的"必读书单"的首位。下面是对威林厄姆的9大认知原则的总结。

1. **好奇心。**人类天生好奇，但不善于思考。确保向学生提出相关的问题，激发他们的好奇心。保持教学内容的多样性。

2. **知识。**事实性知识比技能更重要。在你培养批判性思维之前，要确保学生有足够的知识。

3. **记忆。**正如威林厄姆所说，记忆是思考的残留物。人们会记住他们所想的，所以思考一下你想让学生记住什么，以及你该如何让他们去思考。

4. **理解。**我们对新事物的理解与我们已知的事物相关。想办法把孩子们已经知道的东西和你想让他们学的东西联系起来，通过比较来帮助理解。

5. **熟练。**长时间的练习带来熟练。想办法提供丰富而有意义的练习。

6. **认知。**新手和专家的想法不同。帮助学生进行深入的理解；不要指望他们自己创造新知识。

7. **差异。**学生在学习方式上相似多于不同。忘记过时的教学理论，而是专注于你的课程内容。

8. **智能。**虽然人们的智能确实不同，但智能是可塑的，可以通过努力和练习提升。教师要表扬学生的努力而不是能力。

9. **教学。**教学是一种随着实践而发展的认知技能。做一名教育工作者并不容易，但努力和反馈可以带来进步。

为何重要？

威林厄姆的发现对许多教师和他们的教学方向产生了很大的影响。

重要提示

阅读这本书吧！这会使你对威林厄姆的思想有一个深入的了解。

238. 考虑认知负荷

约翰·斯韦尔勒（John Sweller）在20世纪80年代提出的认知负荷理论认为，我们的工作记忆能力是有限的。那么，在备课和授课时，你如何将认知负荷理论考虑进去呢？

1. 规划是关键。一定要把你的课程规划成相关的、易操作的部分。

2. 引导学生学习最重要的部分。

3. 知道什么时候放慢课程的节奏，让学习的内容能够被消化。

4. 花时间重复核心内容。

5. 在整个课程中检查理解情况。

6. 在教学的同时提供视觉提示。

7. 避免使用过多的资源或活动使课程过于复杂，从而偏离学习方向。

8. 确保学生有足够的支持来开始这节课，并以正确的速度结束这节课，让他们能够独立地嵌入学习。

为何重要？

在你计划和传授课程时，考虑认知负荷理论能确保学生不会被信息压垮。

重要提示

阅读文献《认知负荷理论在实践中的应用：课堂实例》（*Cognitive Load Theory in Practice: Examples for the Classroom*）。

239. 有效教学效果的双重编码

你会在口头解释的同时使用视觉效果吗？这一过程在认知科学领域被称为双重编码。双重编码理论是由艾伦·派维奥（Allan Paivio）于1971年提出的，他认为在教学中使用语言和视觉线索可以提高学习效果。以下是一些在课堂上使用双重编码的方法。

1. 在制订计划时，思考教学的哪些部分对学生来说是至关重要的。
2. 对于这些教学的关键部分，找到或创造简单的视觉效果来强化你的口头解释。
3. 把这些图片有策略地放在你的幻灯片上，或者打印好贴在你的工作墙上。在你教学的时候画一个概念是使用双重编码的好方法。
4. 教学时，要注重视觉，使学生把学习的语言和视觉联系起来。

为何尝试？

学生可以参考你创造或呈现的视觉效果，帮助他们重述学习的关键部分。

重要提示

保持图像和绘图的简洁。

Conclusion

结 论

　　教育消耗着我们的时间、精力和思想。但是教育的好处在于，它的回报是巨大的。当你和年轻人一起工作时，你会有一种难以名状的感觉——一种混杂着紧迫感和希望的自豪感。

　　当你遇到其他从事教育工作的人时，你的谈话几乎立刻就会转向教学和学习、学生、他们的行为以及他们的生活，因为和这些年轻人一起工作是如此重要、如此有趣。我们寻求与那些献身于教育事业的人建立联系，在现实世界和网络世界建立友谊。学校里的同事之间经常有深层次的联系，在专业对话和友情方面互相依赖。

　　我们花这么多时间思考学生的原因之一是，要考虑的细节太多了：他们的学习、进步、健康、社会交往、沟通技巧、出勤率、抱负、局限性、家庭生活——这个列表可能还会继续拉下去。每个孩子的学习和个性都是独一无二的，随着学年的推移，他们的学习和个性都会不断调整和发展。由于在学校内部工作的复杂性，有必要对我们提供的教育以及我们如何提供教育进行持续的反思。

　　教师也必须是学习者。教育界没有哪个人知晓一切，或者已经"完成"了对这个职业的学习。因此，教师持续专业发展是必不可少的。这是确保你的时间和努力不被浪费的关键方法。如果我们必须花时间思考我们的工作（让我们面对现实吧，我们经常这样做），那么我们应该确保我们的思考对所照顾的孩子和我们自己都有积极的影响。

当我们回顾最好的教学时刻时，我们经常会想起那些自豪的"灵光一闪"的时刻——一个孩子突然掌握了我们一直试图灌输的知识或技能。这就是教师持续专业发展对教育者的意义：它带来我们自己的顿悟时刻。这是一种我们可以思考、学习和真正提高的方式。在阅读这本书的过程中，你可以接触到广泛的思想、理论和研究，让你反思、计划和创造简单的方法，不仅帮助你的学生，而且能提升你的实践、你的团队和你的学校。这本书是关于你的，也是关于教育的。花时间在思考你的幸福感和发展上总是值得的。

在第10章，我引用了《为什么学生不喜欢上学？》里的一句话。这次是建立在我们自己的职业发展的背景下的："记忆是思考的残留物。"读这本书的时候，是什么激发了你的思考？你又获得了什么，你将如何使用它？你用它做什么才是最重要的？那么，问问自己，你现在打算怎么做呢？